はじめての英語教育研究

押さえておきたいコツとポイント

浦野研／亘理陽一
Urano Ken／Watari Yoichi

田中武夫／藤田卓郎
Tanaka Takeo／Fujita Takuro

髙木亜希子／酒井英樹
Takagi Akiko／Sakai Hideki

KENKYUSHA

はじめに

　本書は、英語教育の分野でこれから研究を始めようとする方々に向けて書かれた、英語教育研究の入門書です。近年、英語教育を含む多くの研究領域で、研究の方法論に対する意識が高まり、研究法をテーマとした書籍も多く見られるようになりました。ただ、それらの多くはデータの収集方法や分析方法の解説に焦点を当てており、「どのように研究課題を設定するか」や「先行研究をどのように集め、どのようにまとめるか」といった、研究の入口に近い部分を解説したものはあまり見られないように思います。

　そこで本書は、これから研究を行う大学生や大学院生、また自身の実践を捉え直したいと考えている英語教員のみなさんに、研究の基本的な部分を理解してもらうことを目的に執筆しました。

　本書の執筆は、以下の7つの章について6名の共著者が分担して行いました。ただし、草稿完成後に全員が協議して加筆・修正を行っており、1冊を通して全員で執筆したと考えています。

第1章　研究とは何か
第2章　研究テーマの決め方
第3章　先行研究の探し方
第4章　研究課題とデータ
第5章　質的研究の進め方
第6章　量的研究の進め方
第7章　研究成果の公表方法

　第1章では、研究とは何かについて、研究の定義をもとに考えていきます。第2章では、研究テーマの決め方について、どのように研究テーマを着想し、どのように深めていけばよいかを解説します。第3章では、先行研究の文献をどのように探せばよいのか、そしてどのように先行研究の文献を整理して自分の研究課題につなげていけばよいかを提案します。第4章では、研究課題の設定の仕方や、研究課題の種類に応じたデータの収集法などについて解説します。第5章と第6章では、質的研究あるいは量的研究を進めるにあたり、どのようなことに注意しながら研究を行うべきかを提示します。そして、第7章では、研究成果のまとめ方、公

表の仕方について解説します。

　以上のように、本書は、データの収集・分析の前段階に多くのページを割いていることを特徴とします。各章の扉には、研究にまつわる素朴な疑問を提示し、各節への導入としています。また、データを数値化して分析する量的研究と、数値化を行わずに分析する質的研究の両方を紹介し、研究課題に合った研究方法を選択するための手がかりを提供しています。

　本書の生まれる直接のきっかけは、中部地区英語教育学会の課題別研究プロジェクト「英語教育研究法の過去・現在・未来」（2011–2014年）です。『中部地区英語教育学会紀要』に掲載された論文を方法論上の観点から分析し、よりよい研究を行うためのガイドラインを作ろうという目標を掲げて出発したプロジェクトが、こうして一冊の書籍という形で実を結びました。また、中部地区英語教育学会では、2005年より「英語教育研究法セミナー」を開催し、本書の筆者たちが中心となって、研究の方法論をテーマとしたセミナーやワークショップを行ってきました。そこで得られたフィードバックも、本書の内容を具体化するための参考になりました。

　本書の出版にあたり、研究社の津田正さんには最初の段階からあたたかく見守っていただきました。高野渉さんには原稿全体を丁寧にチェックしていただき、細かい修正にも辛抱強くお付き合いいただきました。また、本書のきっかけとなったプロジェクトには、中部地区英語教育学会より助成金をいただいております。プロジェクトの立ち上げを認めてくださった運営委員会のみなさま、プロジェクトの報告会にお越しくださり、励ましのことばや多くの質問、意見をくださったみなさまにも御礼申し上げます。

　本書の中でも繰り返し述べていますが、研究は他の研究との関係なしでは存在しえません。同様に、研究者も他の研究者とのネットワークがあってはじめて活躍できるのだと私たちは考えています。本書を手に取ったみなさんが、研究を通じて様々な形でつながり、英語教育研究全体を一歩前に進めてくれることを願っています。

2016年6月

執筆者代表　　浦野　研

目次 CONTENTS

はじめに iii

第1章
研究とは何か 001

1 研究とは何か 002
2 なぜ研究するのか 002
- 2.1 研究を行う理由を考える 002
- 2.2 学術的な研究を分野全体の発展・向上に役立てる 005
- 2.3 自分の研究と他の研究とのつながりを示す 005

3 どのような種類の研究があるのか 008
- 3.1 研究の大まかな分類 008
- 3.2 実証研究の種類 009

4 どのようなプロセスで研究を行えばよいのか ... 010
5 さらに詳しく学ぶための参考文献 013

第2章
研究テーマの決め方 015

1 研究を行う目的は何か 016
- 1.1 研究を行う目的 016
- 1.2 研究に関する知識 017

2 どのように研究テーマを決めるのか 019
- 2.1 自分の興味がどこにあるか探る 019

- **2.2** 研究テーマ選択の決定要素について考える 020
- **2.3** 理想・現状・課題を押さえる 021
- **2.4** 研究対象となる構成要素を考える 022

3 よい研究テーマを考える視点は何か 023
- **3.1** 研究のタイトルから考える 023
- **3.2** 先行研究から研究テーマを考える 025

4 研究テーマを決めるコツは何か 028

5 さらに詳しく学ぶための参考文献 030

第3章
先行研究の探し方 033

1 何のために先行研究を読むのか 034
- **1.1** 背景知識や理論的視点について学ぶ 034
- **1.2** これまで何が明らかにされているのかを知る 036
- **1.3** 自分の研究の位置づけを明確にする 036

2 どのように先行研究の文献を探せばよいのか 037
- **2.1** 文献検索における予備知識を身につける 038
- **2.2** どのように文献を検索するかを知る 041
- **2.3** どのように文献を入手するかを知る 048

3 どう先行研究の文献を読み研究課題につなげるのか 048
- **3.1** 先行研究の文献を読む際のポイントを知る 049
- **3.2** 先行研究の文献を整理する 050
- **3.3** 先行研究の文献整理から自分の研究課題につなげる 053
- **3.4** 先行研究をもとにして研究を進めるパターン 056

4 参考資料 058

5 さらに詳しく学ぶための参考文献 060

第4章

研究課題とデータ 061

1 どのように研究課題を設定するのか 062
- 1.1 研究課題の種類を知る 062
- 1.2 探索型と検証型の研究課題を選択する 064
- 1.3 研究課題の目的と成果を一致させる 065
- 1.4 研究課題のレベルを知る 066
- 1.5 研究課題を精緻化する 068

2 データ収集法にはどのようなものがあるのか ... 071
- 2.1 事例研究 071
- 2.2 調査研究 072
- 2.3 実験研究 073

3 どのようなデータのタイプがあるのか 074
- 3.1 データのタイプの違いを区別する 075
- 3.2 データ収集の種類を区別する 076

4 データの分析・解釈には どのような方法があるのか 084
- 4.1 質的アプローチ 084
- 4.2 量的アプローチ 085

5 さらに詳しく学ぶための参考文献 088

第5章

質的研究の進め方 089

1 どのようなときに質的研究を選択するのか 090
- 1.1 文脈を考慮しながら複雑な現象を深く捉える ... 090
- 1.2 文脈を考慮しながら研究参加者の変容を捉える .. 091

- 1.3 研究参加者の視点から経験の意味や認識を深く捉える 092
- 1.4 先行研究での対象外の現象を文脈の中で明らかにする 092
- 1.5 量的・質的データを組み合わせ研究の信憑性を高める 093

2 どのように研究参加者を選択するのか 094

3 アプローチ、データ収集法、データ分析法の違いは何か 095

4 どのようなアプローチがあるのか 097
- 4.1 事例研究 098
- 4.2 ナラティブ探究 100
- 4.3 エスノグラフィー 102
- 4.4 GTA 105
- 4.5 質的記述的研究 107

5 どのようなデータ収集法があるのか 109
- 5.1 観察におけるフィールド・ノーツ 109
- 5.2 質問紙 110
- 5.3 インタビュー 112

6 どのようなデータ分析法があるのか 114
- 6.1 会話分析 114
- 6.2 談話分析 116
- 6.3 テーマ分析（質的内容分析） 118

7 どのように分析と解釈を行うのか 119
- 7.1 質的データの分析と解釈のプロセスは重なりあう 120
- 7.2 コーディングとカテゴリー化を行う 121
- 7.3 コーディングの信頼性を高める 125
- 7.4 データの妥当性を高める 126

8 どのように考察を行うのか 127
- 8.1 データ収集の段階から考察を始める 127
- 8.2 厚い記述を心がける 128

9 質的研究を進める上での留意点 ... 130
9.1 質的研究の手順は研究によってすべて異なる ... 130
9.2 主観性を認識し、研究に積極的に生かす ... 131
9.3 倫理的配慮の重要性を認識する ... 132

10 さらに詳しく学ぶための参考文献 ... 135

第6章
量的研究の進め方 ... 137

1 どのようなときに量的研究を選択するのか ... 138
1.1 事象の全体的な特徴や傾向について知る ... 138
1.2 関連性を調査する ... 139
1.3 事象の差異や因果関係を捉える ... 140

2 どのように研究をデザインするのか ... 140
2.1 調査研究 ... 141
2.2 実験研究 ... 141

3 どのようにデータを収集するのか ... 145
3.1 質問紙 ... 146
3.2 テスト ... 148

4 どのようにデータを分析するのか ... 149
4.1 目の前にあるデータを記述する ... 149
4.2 目の前のデータからより大きなものを推測する ... 153

5 どのようにデータを解釈するのか ... 164
5.1 データの可視化 ... 165
5.2 効果量 ... 170
5.3 信頼区間 ... 172
5.4 結果をどのように考察するか ... 173

6 さらに詳しく学ぶための参考文献 ... 174

第7章
研究成果の公表方法 ... 177

1 どのように研究を発表するのか ... 178
1.1 発表の方法を知る ... 178
1.2 発表のルートを選択する ... 179
1.3 研究会や学会について調べる ... 181
1.4 口頭発表のポイントを押さえる ... 183

2 どのように論文を投稿するのか ... 184

3 どのように論文を執筆するのか ... 188
3.1 よい論文の特徴を押さえる ... 188
3.2 論文の構成を明確にする ... 189
3.3 引用の方法を知る ... 192
3.4 引用文献のリストを作成する ... 197
3.5 タイトルと要旨を工夫する ... 200
3.6 図表を工夫する ... 203

4 さらに詳しく学ぶための参考文献 ... 204

引用文献 ... 205
索引 ... 215

第1章

研究とは何か

☐ そもそも研究とはどんなものなの?
　▶ 1 研究とは何か
☐ 英語教師が研究をする必要があるの?
☐ 自分流のやり方で研究してはいけないの?
　▶ 2 なぜ研究するのか
☐ 研究にはパターンみたいなものはないの?
　▶ 3 どのような種類の研究があるのか
☐ 実際にどうやって研究をすればいいの?
　▶ 4 どのようなプロセスで研究を行えばよいのか

1 研究とは何か

　本書の目標は、研究（research）の進め方について、一番大切で基本的なところを理解してもらうことです。そこで避けて通れないのが「研究とは何か」という問いです。まずはこれについて一緒に考えましょう。

　一般に、研究は次の3つの要素から成り立つとされています。

（1）研究課題（research questions）
（2）データ（data）
（3）データの分析・解釈（analysis and interpretation）

　簡単にまとめると、研究とは、まず何らかの問い（question）があって、根拠となるデータを集めてその答えを導き出す営みと言うことができます（何が「データ」となるのかについては、第4章を参照）。上記3つの要素のうち1つでも欠けていれば研究とは呼べません。さらに重要なのが、この3つについてそれぞれ一定の約束ごとがあり、皆がそのルールに則って研究を行っているということです。"Research is a systematic process of inquiry"（Nunan, 1992, p. 3）と定義されるように、"systematic"（つまり決められた手順通り）に実行することが重要であると言えます。サッカーの試合中に選手がボールを手で持って走りだしてはいけないのと同様に、皆がルールに沿って研究を行うことが大切です。研究を行うための約束ごと、その元にある考え方も含めた方法・原理の体系を「研究の方法論」（research methodology）と呼び、本書ではその全体像を見渡すことを目指します。ルールに則った研究を行うことは、特に複数の研究を比較したりまとめたりするときに重要になってきます。これについては次の節で詳しく説明します。

2 なぜ研究するのか

2.1 研究を行う理由を考える

　みなさんはなぜ研究をするのでしょうか。例えば大学の教員は、研究を

することが仕事の一部であるとみなされていますから、ある意味では業務の一環として研究を行っています。大学では、講師（または助教）から准教授、准教授から教授といった昇格審査の際に研究業績が評価されますが、これも研究が仕事の一部であることを示しています。

学生、特に大学院に所属をしている人は、学位の取得要件として研究をすることが学生生活の主たる目的となっていることでしょう。将来研究者になろうと考えるなら、公募による採用審査では研究業績が主要な判断材料の1つとして使われるため、学生のうちからコンスタントに研究業績を積み重ねることが重要です。

小中高の英語教師はどうでしょう。大学の教員や学生とは違って、研究を行うことは日ごろの業務には含まれない場合が多いでしょうし、忙しい毎日を送る中でさらに研究をしようとすれば、自分の時間を割かざるを得ないこともあるかもしれません。それでも研究を行うということは、研究テーマについて強い興味・関心があるということでしょう。私たちはみなある種の知的好奇心を満たすために研究を行っていると言えるかもしれません。その点では、研究者や学生の行う研究についても同じことが当てはまります。

ただ、英語教師にとっての興味・関心は、もっと個人的なもの、例えば「授業の中で同じ活動を取り入れているけれど、1組と比べて2組は定期試験の成績が芳しくないのはなぜだろう」といったものが多いかもしれません。この場合、2つのクラスで何がどのように異なっているのか、そしてその活動がなぜ2組では効果が出ないのかを理解することが研究の目的となるでしょう。また、「どのように活動を改善したら、2組では定期試験の成績が上がるのだろう」と考え、実践上の問題を解決することを目的として研究を行う場合もあります。効果が出ない原因を突き止め、授業改善を行った結果、2組の成績も1組と同じように向上すれば、研究が役に立ったと言えます。

2.1.1 実践としての研究と学術的な研究

上の例では、英語教育における研究が、教師個人の関心（この場合は担当する授業）から出発し、最終的に教師個人（の担当する授業）に還元されています。このように教師個人から出発し、個人に返ってくる研究を「実践

としての研究」(practitioner research) と呼びます。この場合、研究を行う研究者と実践を行う実践者は同一人物となります。実践としての研究の主な目的は、教師が自分の生徒たちについて理解を深めたり、実践上の問題を解決したりすることです。このように実践としての研究は個人的なものですが、もちろん他の教師によい影響をもたらすこともあるでしょう。

実践としての研究と対になるものとして「学術的な研究」があります。英語では、単に research と呼ばれたり、scientific research や academic research と呼ばれたりします。学術的な研究の大きな特徴は、その最終目標を研究結果の個人への還元ではなく、分野全体の向上・発展に置くことです。英語教育でいうと、自分の授業をよりよいものにすることが実践としての研究の目的であるのに対して、自分の授業という文脈を超えて、より多くの教室でも適用できるような知見を生み出し、英語教育（研究）全体をよりよくすることを目指すのが学術的な研究です。

2.1.2　実践としての研究と学術的な研究の共通点、相違点

実践としての研究と学術的な研究には共通点も多くあります。まず、どちらのタイプの研究も研究課題を絞り込んで設定する必要があります（研究課題の見つけ方や洗練のさせ方は第2章で解説します）。次に、データの質が重要であることでも共通しています。データの質は、対象・状況を研究課題に照らしてできる限り的確に記述することで高くなります。特に教室における英語教育研究においては、授業で実際に何が行われているのか、一人ひとりの学習者が何を考え、何をしているのかを詳細に把握することが重要です。

2つのタイプの研究が異なるのは、主にデータの分析・解釈においてです。実践としての研究は、研究者（≒実践者）の目の前のクラス、つまり直に接している学習者を深く理解したり、実践上の問題解決を行ったりすることを目的としてデータを見るのに対し、学術的な研究では多くの場合、研究対象としているクラスや学習者だけでなく、他の学校・年齢の学習者にも当てはまる傾向や法則がないかを探し出すことを目指してデータを分析します。したがって、「このクラスでうまくいった指導法が他のクラスや他の学校でもうまくいくか」といった一般化の問題も検討しなくてはいけません。

本書では、実践としての研究よりも学術的な研究の方法論に重きを置いて解説します。これは、実践としての研究の意義を軽視しているわけではありません。あくまでも、本書のスペース上の都合によります。実践としての研究の考え方や方法論については、吉田・玉井・横溝・今井・柳瀬（2009）を参考にしてください。

2.2　学術的な研究を分野全体の発展・向上に役立てる

　学術的な研究の目標についてもう少し話を進めましょう。研究とは、実は地味で地道な営みです。1つの研究がその分野の全貌を大きく転換させるといったことはめったに起こりません。そのような可能性がまったくないというわけではありませんが、大半の研究はその分野の知見をほんの一歩、または半歩前進させる程度でしょう。研究とは小さな探究の積み重ねであり、世界中の研究者による貢献が集約されることで、その分野の全体像が少しずつ明らかになっていくのです。

　学術的な研究を分野全体の発展・向上に役立てるために一番大切なのは、自分の研究とこれまでに行われてきた他の研究とのつながりを明確に示すことです。そこで肝心なのが、自分の研究がいったいその全体像のどの部分に光を当てているのかを認識することです。英語教育（研究）という大きな地図があるとしたら、自分の研究がその中の何丁目何番地を調べているのかを報告することで、自分の研究の貢献を他の研究者にも認知してもらえるのです。

2.3　自分の研究と他の研究とのつながりを示す

　自分の研究と他の研究とのつながりを示すというのは、実際には何をす

るのでしょう。研究を行う際には、まず大まかな研究テーマを決めます。仮の研究課題と言ってもよいでしょう。次に、そのテーマに関連するこれまでの研究（先行研究 ; previous studies）を徹底的に検索し（そう、徹底的にやるのです）、読みます。先行研究を読んでまとめる作業は、いわばその分野の地図を作成することと言えます。その中で自分の研究テーマの位置づけを明確にし、それを先行研究と関連づけながら記述することがとても重要なのです。この作業を行う中で、研究テーマがより焦点化されたものとなり、具体的で調査可能な研究課題として形作られていきます（この過程については4節で振り返ります）。

　自分の研究と他の研究とのつながりを明確にすることがどうして重要なのでしょうか。次の例を見ながら考えてみましょう。

　英語教育に熱心で研究にも関心のある教師がいたとします。仮にU氏としましょう。U氏は自分の授業実践に自信があり、その成果を研究として発表したいと考えています。U氏は自分の指導法に自らの名前を冠し「Uメソッド」と名づけます。そして、そのUメソッドを使った授業を受けた生徒たちの英語力が明確に向上したことを定期試験の点数の伸びなどで示そうと考えます。実際に生徒に力がついていますし、U氏の英語教師としての能力は高いと思われます。しかし、このような形の発表は学術的な研究としては質が高くありません。なぜでしょうか。

　まず、このままではU氏の指導法がなぜ効果的なのかがわかりません。指導法のどの部分がどのように生徒に働きかけ、その結果どのような過程でどのような力がつくのかがわからないのです。もしかしたら、U氏は自分の授業を積極的に公開し、ビデオなどで多くの教師がその授業を見られるようにするかもしれません。しかし、実際にU氏の授業を見た他の教師が、そのやり方をそっくりそのまま真似したとしても、それがうまくいく保証はないのです。U氏の指導法の効果は、その（教師としての）個性に依存する部分が大きいかもしれません。もしそうだとすれば、性格の異なる他の教師がそのまま真似てもうまくいかない可能性が高いでしょう。

　U氏の指導法がどうして効果的なのかを知るためには、そのメカニズムを解明することが必要です。そのための手がかりになるのが先行研究です。Uメソッドが英語のリーディング力を高める指導法だったとしましょう。Uメソッドの効果を検討するには、まずこれまでのリーディング研究の歴

史を紐解き、類似する指導法の効果を対象にした先行研究を見つけることで、この指導法の位置づけを他の研究との関連の中で明確にする必要があります。Uメソッドのメカニズムを、先行研究で提示されている要因や結果を糸口として解明しようとすることが、この研究と他の研究とのつながりを明確にすることにほかなりません。

　先行研究との関係をきちんと説明することは、その研究の価値を高めることにもつながります。Uメソッドに関する論文が発表されたとしましょう。それがどれだけ優れた指導法だとしても、Uメソッドを知らない人がその名前だけでこの論文を手に取り実際に読もうと思うことはあまり期待できません。しかしUメソッドが、例えば「リーディング指導法のうち、田中・島田・紺渡（2011）に基づく、内容理解をより深いレベルで行うための手がかりとしての効果的な発問の方法」であると定義されていれば、リーディング研究者はもちろん、多くの英語教師にとってもその研究の内容がわかりやすくなるので、興味を持つ人も増えるでしょう。

　このように、自分の研究を他の研究と関係づけながら定義することが、その研究がどのように位置づけられるかを理解する手がかりになり、さらにそれを英語教育（研究）で一般に使われている言葉で説明することで、英語教育に関係するより多くの人にとって理解しやすいものとなります。英語教育の実践や理論（theory）を質的に向上させていくためには、的確な言葉で実践や理論を語ることができるようになる必要があります。研究者の能力には、自分の研究をわかりやすく語る力も含まれるのです。

　一人の研究者がその生涯で行うことのできる研究には限りがあります。同じ分野の研究者が100人、1,000人と集まり、互いの研究の関係を明確

に示しながら先に進むことで、分野全体の発展に貢献することが大切だと覚えておいてください。

3 どのような種類の研究があるのか

3.1 研究の大まかな分類

学術的な研究の目的は、その分野全体の向上・発展にあると先ほど述べました。表 1.1 は研究の種類を大まかにまとめたものです。

まず、研究は文献研究と実証研究に分けられます。文献研究とは、既存の資料や出来事の記録、当該テーマの先行研究を収集・整理し、そこからどのようなことが結論づけられるかを検討したり、今後の研究課題を提案したりするものを指します。独立した研究として、理論研究としても成り

表 1.1 研究の種類

種類	アプローチ	研究を行う目的	探索/検証
文献研究		1. 先行研究を整理し内容を検討する	
実証研究	質的研究	1. 文脈を考慮して事象を捉える	探索型 ↑
		2. 文脈を考慮して参加者の変容を捉える	
		3. 参加者の経験や認識を捉える	
		4. 先行研究の対象外の事象を明らかにする	
		5. 研究の信憑性を高める	
	量的研究	1. 事象の特徴や傾向を量的に記述する	
		2. 事象の関連性を捉える	
		3. 事象の差異や因果関係を捉える	↓ 検証型

立ちますし、いわゆる歴史研究や教材開発研究もここに含まれます。例えば、資料から戦前の英語教育の実態を明らかにしたり、過去に発行された教科書を網羅的に分析して傾向を示したりする研究がそれです。稲葉（2009, pp. 30-31）が指摘するように、過去の出来事を研究の素材にするため倫理問題が起きにくく（第5章を参照）、独力では実施しにくい調査・実験と比べれば一人でも取り組みやすいという利点があります。先行研究の検討の仕方については第3章3節で詳しく解説します。

　一方、実証研究とは、先行研究ではまだ明らかになっていない課題について、研究者自らが新たにデータを収集したり、（公的機関が実施した統計調査のような）既存のデータを利用したりすることによって理論の生成・検証へと向かうものを指します。研究の目的によって研究のアプローチは質的研究と量的研究の2つに大きく分けられ、データの種類と収集法、分析法が異なります。データの収集法と分析法は第4章、第5章、第6章で詳しく解説します。ただし、本書は自らデータを収集するタイプの研究を中心に置いており、国勢調査で用いられるような、別の研究で収集されたデータを二次的に利用するタイプの実証研究については触れていません。後者については寺沢（2015）などを参照するとよいでしょう。

3.2　実証研究の種類

　実証研究には多くの種類があり、表1.1に示すように、どの程度探索的か、検証的かという観点で分類することができます。

(1) 探索型の研究

　先行研究がまだ十分に蓄積されていない、比較的未開拓の研究テーマが存在します。また、先行研究が十分に蓄積されている場合でも、これまでに行われている研究とは異なる視点で研究を行ったり、現象をさらに深く理解するための研究を行ったりする場合があります。こういった場合の研究課題は、現象の原因を問うよりは、その現象がいったい何なのか、どうなっているのかを調査するといった形になるでしょう。

　このように、先行研究の情報だけでは明確な方向性が予測できない研究では、あらかじめ何をどのように調査すればよいかの手がかりが少なく、手探りに近い形でデータの収集と分析・解釈を行います。このような研究

を探索型と呼び、観察や聞き取りなどにより、細部に至るまでできるだけ詳しく丁寧にデータを収集し、その中から何らかの方向性を見出すことを目指します。

(2) 検証型の研究

　研究を行うにはまず大まかな研究テーマを決め、それに基づいて先行研究の収集と分析を行います。その中で研究テーマを絞り込み、より洗練された調査可能な研究課題を形作ります。実際にどのような形の研究課題になるかは、研究テーマによりますし、関連する先行研究がどれほどあるかによっても変わってきます。

　研究対象についてすでに多くの先行研究がある場合、多くの知見が蓄積されているので、理論的にも実証的にもより洗練され細部にまで行き渡った研究課題の設定が可能になります。課題自体も、「〜という理論に基づけば（または、先行研究をまとめると）、本研究の結果は〜となることが予想される」といったように、結果についてある程度の予測を立てることが可能になるでしょう。「XならばYとなる」というように、研究結果についてその方向性まで事前に予測できるタイプの研究課題を一般に「仮説」（hypothesis）と呼びます。ここでいう予測には、必ず理論的または実証的な根拠があることに注意してください。根拠を示さずに仮説を提示することは研究としては不適切です（詳しくは第4章を参照）。研究課題として仮説を用意できる研究では、データ収集と分析の結果その仮説が正しかったか正しくなかったかを判定することができ、これを仮説の検証と呼びます。

　このように、研究には大きく分けて探索型と検証型がありますが、この2つは1つの連続体をなしていると考えたほうがよいでしょう。表1.1（p. 8）に示したように、探索型と検証型の研究の間には明確な境界線があるわけではなく、「この研究はあの研究よりも探索型の度合いが高い」というように相対的に捉えることが多いです。

4 どのようなプロセスで研究を行えばよいのか

　英語教育の研究を、実際にどのようなプロセスで進めていけばよいかを

見てみることにしましょう。一般的に、研究は次の6つのステップで進めていきます。

(1) 研究テーマを決める

　まずは、研究テーマを決めることから始まります。自分がどのような事柄に興味・関心を持っているのか、英語教育にとって意義があるテーマかどうか、そして、そのテーマで研究を進めていくことは現実に可能かどうか、などを問いながらテーマを決めていきます。第2章では、どのように研究テーマを決めていけばよいのか、その道筋を紹介します。

(2) 先行研究を探る

　自分が興味を持った事柄について、これまでどのようなことがわかっているのか、他方でまだ十分に明らかにされていないことは何かを探る必要があります。そこで、これまでに発表されてきた学術誌の論文や、テーマに関連した図書から情報を得ることになります。第3章では、どのように先行研究を集めて検討すればよいのか、先行研究をもとに整合性のある研究課題をどのように探っていけばよいかを解説します。

(3) 研究課題を絞る

　先行研究を読んで現状を把握したら、今度は、先行研究で明らかになったことを整理し、自分の研究課題をさらに絞ることになります。なぜその研究を今自分が行う必要があるのかという研究目的を明確にしながら、研究課題をどのように解決するのが最も適切なのか考え、どのようなタイプのデータを集めるべきかを決めていきます。第4章の前半では、研究課題の絞り方と、課題解決のために適切なデータ収集法を選ぶコツについて説明します。

(4) データを収集する

　どのように研究を行うかは、研究目的や研究課題の立て方で決まってきます。例えば、研究対象をありのままに観察し記述したり、「こうすればこうなるらしい」という仮説が本当に正しいのかどうかを検証したりするためには、数値や言葉などによる情報、すなわち、データを集めることに

なります。第4章の後半では、データの特徴を正しく理解し、どのようなデータをもとに観察・調査・実験を行っていけばよいかを解説します。

(5) データを分析する

データを集めた後、そのデータからどのようなことがわかるのかを要約し、どのような意味があるのかを解釈する必要があります。第5章は質的研究を中心に、第6章は量的研究を中心に、アプローチごとに異なるデータ分析の方法について解説します。

(6) 成果を発表する

研究のプロセスの最終ステップとして、研究の成果を学会で発表したり、論文としてまとめたりすることになります。発表や論文の中で、自分の研究の成果を適切かつわかりやすく整理することができれば、自分の研究の価値を高めることができます。第7章では、どのように研究成果をまとめ発表すればよいのか、その方法について具体的に解説します。

ここまで見てきた研究のプロセスには、それぞれのステップにおいて、一定の型やコツのようなものがあります。1つひとつのステップでの型やコツを知り、自分なりに理解することは、自分の研究スキルを向上させる

表 1.2 研究のプロセス

ステップ	何をすべきか	該当する章
(1) 研究テーマを決める	自分の興味・関心のある分野の動向を知り、実現可能で価値のある研究テーマを絞り込む	第2章
(2) 先行研究を探る	背景情報や先行研究をもとに現状を把握し、先行研究と整合性のある研究課題を探る	第3章
(3) 研究課題を絞る	研究目的を明確にし、研究課題を決定し、その課題解決のために適切なデータのタイプを選びとる	第4章
(4) データを収集する	データの特徴を理解し、どのようなデータを収集して観察・調査・実験を行うかデザインする	第4章
(5) データを分析する	質的・量的アプローチを用いて、観察・調査・実験を通して収集したデータを適切な方法で分析する	第5章 第6章
(6) 成果を発表する	研究の成果を、適切かつわかりやすくまとめ、研究の価値を示す	第7章

だけではなく、英語教育全体の研究の質をも高めることになります。次章から、表 1.2 のプロセスに沿って、英語教育における研究の進め方を見ていくことにしましょう。

5 さらに詳しく学ぶための参考文献

📖 Seliger, H. W., & Shohamy, E. (1989). *Second language research methods*. Oxford University Press.〔ハーバート・W・セリガー＆イラーナ・ショハミー (著)、土屋武久・森田彰・星美季・狩野紀子 (訳) (2001).『外国語教育リサーチマニュアル』東京：大修館書店.〕

▶ 原著は 1980 年代に書かれているため、紹介されている具体例などには多少の古さも感じますが、外国語教育における研究とは何かについて丁寧に解説されているため、研究法を勉強する最初の一冊として読むのによいでしょう。

📖 南風原朝和・市川伸一・下山晴彦（編）(2001).『心理学研究法入門：調査・実験から実践まで』東京大学出版会.

▶ 調査研究や実験研究だけでなく、観察・面接・フィールドワークといった質的研究や実践研究を含めて網羅的に解説されていて、様々な研究法について概略を理解するのに役に立ちます。

第 2 章

研究テーマの決め方

- ☐ 研究って、必ず実験や調査をしなければならないの?
- ☐ 研究をするとどういうことがわかるの?
    - ▶ 1 研究を行う目的は何か
- ☐ 研究テーマに迷ったときはどうすればいいの?
- ☐ 興味のあることが漠然としている場合は何を考えたらいいの?
    - ▶ 2 どのように研究テーマを決めるのか
- ☐ 実際に取り組むのが難しすぎるテーマにならないようにするには?
- ☐ 後になって研究する価値がないテーマだったかもと思わずに済むには?
    - ▶ 3 よい研究テーマを考える視点は何か
- ☐ 研究テーマについて相談できる人がいなかったらどうしたらいいの?
- ☐ 先行研究の問題点をつかむにはどうしたらいいの?
    - ▶ 4 研究テーマを決めるコツは何か

1 研究を行う目的は何か

第 1 章で述べた研究のプロセスは、図 2.1 のようなイメージで捉えることができます。左側の円で示されているように、まず興味・関心のあるテーマについて幅広く読んだり聞いたりして、そのテーマを理解するための概念的枠組みとしての知識を増やすことが必要です（第 3 章を参照）。しかし知識を増やすだけでは研究は形にはなりません。研究として結論に到達するためには、先行研究に基づいて研究課題を絞り込む必要があります。研究課題を定めたら、右側の円に示されているように、それに対して適切なデータを計画的に収集・分析する必要があります（第 4 章以降を参照）。

では、そのスタートとなる研究テーマはどのように決めたらよいのでしょうか。この章では、研究テーマの決め方について考えます。

1.1 研究を行う目的

まず考えるとよいのは、研究を行う目的、つまりその研究が「何を問題にして、何を明らかにしようとしているのか」ということです。研究を行う目的は基本的に次の 4 つに整理することができます（川﨑, 2010, pp. 15-17）。

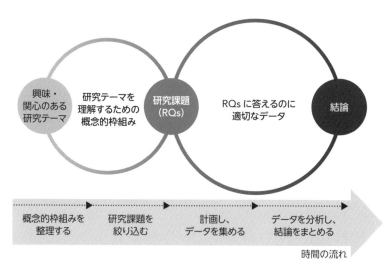

図 2.1　研究のイメージ（Taber, 2013, p. 41 に基づく）

(1) 概念の検討・整理
(2) 新事実の提示
(3) 仮説の検証
(4) 事象の理解・仮説の生成

(1)概念の検討・整理は、それまでの研究で用いられてきた概念・理論・方法論などを議論の対象とし、その意味や問題点を明らかにしたり整理したりするのが目的です。いわゆる「理論研究」がこれに当たります。例えば、日常的に「流暢な英語」といった言い方をしますが、「流暢さ」(fluency) とは何を指すのかを明らかにしようと考えたとします。そのために、これまで英語教育研究において「流暢さ」はどのように捉えられ、どのような指標で測られてきたのか、その指標における課題は何かといった事柄を整理して論じる「文献研究」が、概念の検討・整理型の研究です。

(2)新事実の提示は、発見された資料・史料を通じて新しい事実を報告することを目的とします。これまで知られていなかった英語教育の実態を示す統計資料が得られた、あるいは著名な英語教育理論・実践の提唱者や運動について、従来の通説を覆す史料が見つかったといったタイプの文献研究がこれに当たります。

(3)仮説の検証と(4)事象の理解・仮説の生成は、特定の概念とデータに基づく実証研究です。仮説の検証が、あらかじめ設定した理論的な予測や仮説が特定のデータによって支持されるかどうかを示すことを目的とするのに対して、事象の理解・仮説の生成は、研究対象の観察・記述を通じて、それまで得られていなかった理解や仮説を(理論やモデルとして)導き出すことが目的です。

上記の(1)(2)は、第1章の表1.1 (p. 8) で示した文献研究に当たり、(3)(4)は、実証研究に当たります。

1.2 研究に関する知識

次に、上記のいずれかの目的のもとで、私たちがどのような知識を得ようとしているのかを確認しておきましょう。研究に関する知識には4つのタイプがあります (Seliger & Shohamy, 1989)。

(1) 信念としての知識（knowledge as belief）
(2) 権威としての知識（knowledge as authority）
(3) 先験的知識（a priori knowledge）
(4) 実証的知識（empirical knowledge）

　(1)信念としての知識とは、「英語を身につけるには幼児から学ぶことが必要」、「早期に英語を教えると日本語の運用能力の伸長が阻害される」といった、そう主張する人が真実だと思っているだけで実証的に検証されてはいないものです。間違っているとは限りませんが、信じるだけで事実になるわけではありません。
　(2)権威としての知識とは、次の例のように、「教科書」に書かれているから、その分野の著名な研究者が言っているからといった理由で真実とみなされるものです。

- Krashen（1981）は、「習得に有効であるためには学習者が受けるインプットは $i+1$ レベルのものでなければならない」と指摘している。一方 Long（1985）は、「修正のあるインタラクションこそがインプットを学習者にとって理解可能なものとし、最終的に教室での習得をうまくいかせる」ことを示している。

　権威のある人が言ったからといって、それが立証済みの事実になるわけではないので、こちらも検証すべき仮説とみなすべきものです。
　(3)先験的知識とは、経験によらず、論理的な推論や先行研究の知見から得られるものです。ある論文から引用した先験的な知識の例を下に示します。上の権威としての知識の例と表現の仕方を比べてみましょう。

- 「全体として見れば、タスクを繰り返すことと第二言語の口頭パフォーマンスの関係について調べた先行研究によれば、タスクの繰り返しは大方は第二言語学習者の口頭のアウトプットの質を向上させる役割を果たしている。しかしそれが示されているのは、学習者がまったく同じタスクを繰り返す場合だけである（Bygate, 2001; Gass et al., 1999）。したがって、タスクの繰り返しのプラスの効果が、あるタスクの新しいバージョ

ン（同じ手順で内容の異なるタスク）に対しても当てはまるかどうかは明らかになっていない」(Kim & Tracy-Ventura, 2013, p. 830)。

(4)実証的知識とは、現象の観察・調査・実験の結果から結論を引き出すことで得られるものです。観察・調査・実験で得られたデータの分析・解釈が他者から見て信用に値する提示の仕方になっていることや、事後に自身や他の人によって結果を確かめられることが求められます。第1章2節で述べたように、研究とは社会的な営みであり、自分の研究がその分野の地図上で占める位置を正確に伝え、その姿を正しく認識してもらえなければ、正当な評価を受けられなかったり誤解されて広まったりしてしまいます。だからこそ研究では、先験的知識の蓄積をどう踏まえ、どういう研究課題を立て、どのように実証的知識を得るかが重要になります。研究テーマが漠然としすぎたり狭すぎたりしたのではそれもかないません。

2 どのように研究テーマを決めるのか

研究テーマを決める際、どこから探し始めればよいかわからない、なかなか1つに決められない、どのように深めていけばよいかわからないといった問題に直面するかもしれません。その際は、次の4つのことを、基本的には順に行い、必要に応じて行きつ戻りつするとよいでしょう。

(1) 自分の興味がどこにあるか探る
(2) 研究テーマ選択の決定要素について考える
(3) 理想・現状・課題を押さえる
(4) 研究対象となる構成要素を考える

2.1　自分の興味がどこにあるか探る

これまでの学習・指導経験や専門的に学んでいることから、大まかでも、自分がもっと詳しく知りたいと感じていることや解決してみたい問題を挙げてみましょう。思い浮かばない場合は、自身の経験を他の人に話してみたり、他の人の意見を聞いて自分のものとの異同を整理したりするとよいでしょう。

詳しく知りたいことや解決したい問題が十分挙がったとしても、他の研究者による研究や実践を幅広く探してみるべきです。自分の興味に関係のある書籍や雑誌を、1節で述べた「概念の検討・整理」を主たる目的とした理論研究と、「仮説の検証」や「事象の理解・仮説の生成」を目的とした実証研究に分けて集めるとよいでしょう。授業や研究会・学会で得られる資料・論集等も役に立つかもしれません。

何から手をつけてよいかわからない場合、分野全体や特定のトピックについて出版されているハンドブック（例えば、Hinkel, 2011; JACET SLA 研究会, 2013; Long & Doughty, 2009; 全国英語教育学会第 40 回研究大会記念特別誌編集委員会, 2014 など）は、まさに「手引き」の役を果たしてくれるでしょう。ただ、自分の興味が既存の英語教育研究の中にあるとは限りません。特にこの時点では、例えば教育学や心理学、社会学、言語学など、他の分野の文献・発表にもいろいろ当たって関心を広げてみましょう。

2.2 研究テーマ選択の決定要素について考える

テーマを選択する際に重要なのは、「やりたいこと（興味・関心）」、「やるべきこと（研究価値）」、「やれること（実行可能性）」の 3 つを考えることです。図 2.2 のように、やりたいこと・やるべきこと・やれることの 3 つの要素を意識することは、研究を進める中で、様々な意思決定をせまられたときに役立ちます。例えば、テーマを絞る、研究アプローチを決める、研究対象者を決める、集めるデータのタイプを決めるなど、何かの選択に迷ったときに思い出すとよいでしょう。

「やりたいこと」とはもちろん、研究をするあなた自身の興味・関心です。自分の興味・関心とまったくつながっていなければ、そのテーマを考え続けたり研究に伴う地道な作業に粘り強く取り組んだりする気持ちを維持することは難しいでしょう。

研究はそのように個人的なものであると同時に、社会的なものでもあります。「やるべきこと」とは、その時代の中で、教育実践において、あるいは理論構築において、今求められているテーマのことを指します。たとえ自分がやりたいと思っていても、すでに誰かが明らかにしてしまったことをそのままなぞるだけでは、研究として「やるべきこと」とは言えず、他者にその研究を受け入れてもらうこともできません。現代社会で「てこ

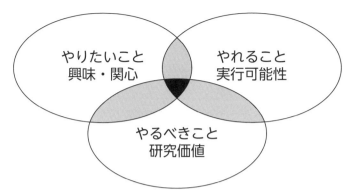

図 2.2　研究テーマを選択する際の 3 つの要素

の原理」や蒸気機関を再発見・再発明する必要はないのです。

　さらに、テーマが自分の興味・関心に合致していて、社会的にも有益であることが明確だとしても、絵に描いた餅で終わるのでは意味がありません。「やれること」とは、あいまいなテーマを立てることではなく、具体的に研究を進めることができそうなテーマを選ぶことを意味します。例えば、「生徒の文法ミスの訂正のあり方」というテーマよりは、「高校生を対象とした英作文における特定の文法に焦点化した筆記によるフィードバックの効果について」というテーマのほうが、どのように研究を進めればよいか具体的にイメージすることができます。限られた時間の中で完結させることができそうなくらいに研究テーマを絞りましょう。通常、研究にあてることができる資源や時間は限られています。研究は、「〇〇するだけですぐ英語がペラペラになる！」といったあてのない夢を追いかけるのではなく、限られた条件で達成可能なことを積み重ねる営みなのです。

　「やりたいこと」、「やるべきこと」、「やれること」、この 3 つの要素が重なり合うテーマを見つけましょう。

2.3　理想・現状・課題を押さえる

　研究を始めようとしても、何から手をつければよいか迷うことがあります。また、研究を始めてみたものの、何のために研究をしているのかわからなくなり、研究の方向性を見失うこともあります。そのようなときには、研究テーマについて、その理想・現状・課題を押さえることができれば、研究の方向性が明確になります（図 2.3 を参照）。

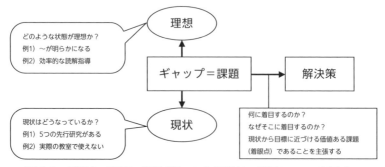

図 2.3 「現状→課題→解決策」の3段論法で研究テーマを深める

　その研究が想定通りに行われた場合の「理想」状態はどのようなものでしょうか。理論的にあることが明らかになる、実践的にある対象や技能について効率的な指導法が開発されるといったことです。一方で、その「現状」はどうなっているでしょうか。そのことをよく知る人に尋ねたり先行研究に当たったりすると、例えば、直接そのことを調べた研究は5つあるが対象も結果もまちまちである、実際の教室環境で用いるには手順に問題があるといったその分野の現状が見えてきます。

　この理想と現状のギャップが解決すべき「課題」です。「理論から導かれる仮説を、先行研究では行われていない、あるいは不十分だった対象に当てはめて検証する」、「既存の指導法に指摘されている問題を克服しうる改善策を提案する」といったように、この課題の解決こそが研究でやるべきことになります。

　多くの場合、理想と現状の間に課題がたくさん見つかるでしょう。研究では、その課題の中の何に着目するのか、なぜそこに着目するのかを考え、説明できるように研究テーマを深めることが望まれます。

2.4　研究対象となる構成要素を考える

　研究テーマを絞ることや深めることができなかった場合には、自分の研究対象の構成要素について考えてみましょう。例えば、「中学校での英語のコミュニケーション活動」をテーマに選んだとします。コミュニケーション活動を漠然と捉えるよりも、活動にどのようなタイプがあるかを分けて考えてみましょう。具体的には、ドリル（形式の操作を重視する）、エクササイズ（形式と意味の結合を重視する）、コミュニケーション活動（形式と意味

を重視し、新情報を扱う）、タスク（事前に使用する形式を指定せず、即興的な言語使用を求める）といったようにです。「生徒が活動で英語を話せない」という課題がある場合、それは、どのタイプの「活動」を指しているでしょうか。「タスク」でなのか、「エクササイズ」でなのかでは、まったく原因が異なってきます。

次に、中学校という対象は、どのような形でコミュニケーション活動に影響を与えているでしょうか。そのコミュニケーション活動で用いられる教材・教具、授業者の教師はもちろん、それまでの学習で用いていた教科書、クラスサイズや授業時間、クラス内の人間関係も、コミュニケーション活動の成否と無関係ではないでしょう。さらに、同じ中学生でもその習熟度によって、言語材料や題材、認知処理過程は異なってくるでしょう。

このように、研究対象となる構成要素をどのように捉えるかによって、研究の成否が大きく左右されます。研究対象の構成要素を考えることで、研究テーマを深めていくことができます。

どのようにして研究テーマを決めるかは、経験や知識の少ない学生にとっては難しい課題です。一方で、教育実践を日々行っている教師にとっては、直面している問題が研究テーマに直結することが多いでしょう。しかし直面する問題をそのまま扱おうとすると、様々な要因が絡んでいて研究を絞ることが難しいという場合が少なくありません。上記の4つのポイントを随時確認しながらテーマを絞り深めていきましょう。

3 よい研究テーマを考える視点は何か

研究テーマは「対象とする領域、取り上げる現象、それに対するアプローチと研究のデザイン」を表します。では、よい研究テーマとはどのようなものでしょうか。「たんに論文が仕上がるためというよりは、考え続けるべきテーマとして」、「10年やれるくらいの大きな視野あるいは深さのあるテーマを選びなさい」と言われることがあります（伊丹, 2001, p. 107）。

3.1　研究のタイトルから考える

自分の研究テーマがよいかどうかを判断するために、自分の研究のタイトルを見てみましょう。例えば、「高等学校での英語の物語創作タスクの

活用」をテーマに選んだとします(図2.4を参照)。ライティングの力を伸ばすことは教師にとっても学習者にとっても重要課題であり、また、研究者のやりたいこと・やるべきこと・やれることとも一致しているテーマかもしれません。しかし仮に、生徒の作品やテストを通じてこのタスクがライティング能力の向上に効果を持つことを示すことができ、論文としてまとめられたとしても、それだけで「よい研究テーマ」とみなされるわけではありません。この個別の研究によって追究したかったこと、具体的には、(a)高等学校段階の学習者の英語ライティング能力の成長過程や、(b)高等学校の英語教育カリキュラムにタスクを組み込むための諸条件といったことが明らかにされていなければ、次の研究につながりません。研究テーマが研究のタイトルに端的に示されるものだとすれば、「高等学校での英語の物語創作タスクの活用」よりは、「高校生の英語ライティング能力の成長過程:物語創作タスクの活用を通じて」のほうが、明確で「よい研究テーマ」だと言えるでしょう。さらに、「生徒が創作した物語の文章構成を複数の評定者が評定し、生徒一人ひとりの評定の変化をもとに、ライティング能力の向上について一定期間にわたって追跡した」といった、研究のアプローチと研究のデザイン(第4章以降を参照)がタイトル中に端的に示されていると、より完成度の高い研究と見込まれます。

　より広い視点では、(a)は「第二言語学習者のライティング能力(ひいては産出能力)の発達」の研究につながっています。上記の「10年やれるくらいの」というのは、このような一般性を持つ基本課題レベルの話です(田中, 1988)。その要素的研究、つまり個別の(単独で学術誌の論文や学位論文として成り立つ)研究として「高等学校での英語の物語創作タスクの活用」を捉えると、「高等学校・高校生」という対象や「物語創作タスク」という使用教材(あるいはナラティブというテキスト・タイプ)が、はたして適切な選択だったのかが問われることになるかもしれません。その結果、高校生やタスクという条件は変わるかもしれませんが、いずれにせよ以降の研究でも(例えば「教師によるエッセイの添削の仕方の影響」のように)ライティングが関係するはずです。一方、(b)は一般的には「外国語環境の学校での英語教育のカリキュラム編成原理・方法」を研究することになり、ライティング以外の技能も当然対象となります。この研究者がtask-based language teachingの原理(をカリキュラムに取り入れること)に重要性を感じているとすれば、内

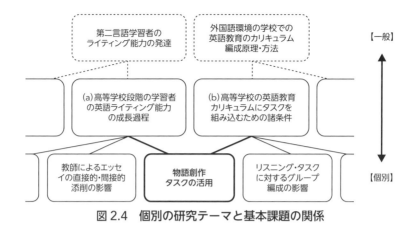

図 2.4　個別の研究テーマと基本課題の関係

容・条件の異なる他のタスクについて研究が行われるはずです。

3.2　先行研究から研究テーマを考える

　「よい研究テーマ」とは何かについて、先行研究との比較という側面から考えてみましょう。研究テーマに基づいて行う先行研究の検討は通常、次のプロセスをたどります。

（1）選定したテーマが、英語教育研究ではどのような切り口で扱われているのかを把握する
（2）これまでの研究で何が調査されてきたか、これまでに何が判明しているのか、また何がわかっていないのかを検討する
（3）これまでの研究の問題点（理論的欠陥、方法論的問題等）を検討する

　逆に言えば、(1)–(3) がしっかり踏まえられたテーマはよい研究テーマだと言えるでしょう。まだ判明していないことが見つかれば、それを調査することが研究課題になり、先行研究に問題が見つかれば、それを修正した研究を行うことが新たな研究目的となり得るわけです。「やるべきこと」、「やれること」だと思われるのに (1) で該当する関連研究が見つからない場合は、(可能性はとても低いですが) その観点がとても斬新で画期的なものであるか、英語教育研究としてはあまり「面白くない」ものであるかのどちらかだと言えます（検索が不十分だという場合もあるでしょう）。

論文の中で、先行研究を取り上げ、研究テーマについて詳しく述べることが多いのは「序論」(Introduction) です。序論の役割は次のようにまとめられます (Bitchener, 2010, pp. 34-35)。

（1）関心のある問題・論点・疑問を提示する
（2）問題の背景や文脈を提示し、先行研究から得られる考えを概観する
（3）既存の知識において不明である点を提示する
（4）どのようにその不明な点を明らかにするかを説明する
（5）どのように調査を進めていくかを概観する
（6）本研究がどのように当該分野に貢献するかを説明する
（7）本論の内容と構成を概観する

　(1)-(7) が序論においてしっかり述べられていれば、その研究テーマはよいテーマだと言えるでしょう。では、上記の点をしっかり述べるとはどういうことでしょうか。理想的なルートとしては次の2つがあります。

（a）「最短」で研究テーマを絞り込む（例：Urano, 2005）
（b）研究テーマが「全体図」の中でどういう意味を持っているかを示す（例：Shintani, Li, & Ellis, 2013）

　「最短」で研究テーマを絞り込むルートの具体例として、Urano (2005) の課題設定をたどってみましょう。英語では、リンゴが好きな人のことを apple-lover とは言えても *apples-lover とは言えません。英語の動詞由来複合語 (X-doer) の主要部ではない名詞 (X) に対するこの規則は、mouse のように不規則変化をする名詞には当てはまらず、mouse-eater のほうが好まれるものの mice-eater も容認されます。第一言語 (L1) の習得研究によれば、これは、英語母語話者の言語処理が不規則変化→複合化→規則変化の順に行われる（つまり処理段階には階層があり、不規則変化する形態素と規則変化する形態素の付与は別々に行われる）ためで、しかもそれは学習者が触れるインプットによらず普遍的に当てはまります。一方、先行研究が示しているのは、成人第二言語 (L2) 学習者にはこの原理が当てはまらないこと、それでも不規則変化に比べれば規則変化の複数形を好まない傾向

にあり、言語間の結果の差は学習者のL1からの転移によるものではないか（X-doerのXに通常複数形を用いるフランス語話者は、複数形にしない中国語話者よりもその影響を受ける）ということでした。中国語と同様、Xを複数形にしない（牛飼い／＊牛たち飼い）日本語話者は、英語の産出においてその影響を受けるだろうかというのがUrano（2005）の序論の概略です。ほぼ研究課題にまでたどり着いていますが、興味深い言語現象の提示（(1)）から、L1・L2習得の先行研究の概観、その部分的追試としてL1からの転移の検証に当該研究を位置づける（(6)）まで無駄がありません。多くの説明を重ねなくても（1）−（6）がしっかり述べられていれば、論文はそれだけわかりやすくなります。そのためには、余計なものをそぎ落とし、課題が持つ構造をシンプルに捉えることが必要です。

　一方 Shintani, Li, and Ellis（2013）は、理解を中心とする文法指導（comprehension-based instruction, CBI）と産出を中心とする文法指導（production-based instruction, PBI）を直接比較した実証研究を集めて比較した「メタ分析」（meta-analysis; 山田・井上, 2012 等を参照）と呼ばれる研究ですが、序論部分では、これまで提唱されてきた第二言語習得の諸理論がこのCBI/PBIという枠組みで整理されています。PBIの有効性を説くのが「アウトプット仮説」（output hypothesis; Swain, 1985）であり、CBIの有効性を説くのが「処理指導」（processing instruction; VanPatten, 2004）、受容技能に対してはCBIが優位で産出技能に対してはPBIが優位であると説くのが「スキル学習理論」（skill-learning theory; DeKeyser, 2007）、PBIの有効性は学習者の発達段階によるがCBIに制約はないというのが「学習可能性・教授可能性仮説」（learnability/teachability hypothesis; Pienemann,

1985）だという具合です。このようにして、その分野の知見の俯瞰的整理が与えられると、読者は研究テーマと同時にそれが含まれる「全体図」を手にできます。このような膨大な作業が求められる系統的レビューは、それ自体に価値があるだけでなく、当該分野内での各先行研究の位置づけを示すことでそのテーマの重要性を明確にするという役割も担います。

4 研究テーマを決めるコツは何か

　よいテーマがどのようなものか理解できていたとしても、実際に最短でテーマを絞り込んだり、余すことなく描いた全体図にテーマを置いたりするのは、容易なことではありません。自分がやるべきことなのか、あるいは自分にやれることなのか判断がつかなかったり、理想と現状を整理しようとすると多くの課題が見つかって、その内どれに取り組んだらよいのか迷ったりするのはいたって普通のことです。

　伊丹（2001）は、どれでもよいから「まず風呂にとっぷりと浸かる」ことを勧め、「風呂を決めてこれから入ろうとする時に」、指導者として「風呂の筋が良さそうだなという判断がつくような人がなるべく周りにいてくれるといちばんいい」と述べています（pp. 22-25）。つまり、授業や文献を通じて興味・関心を持ったテーマが、研究価値や実行可能性の点から見て見込みのあるものかどうかを助言できる先輩や指導教員がいてくれることが望ましい、というわけです。

　では、不幸にもそういう指導者に恵まれなかった場合はどうしたらよいのでしょうか。卒業論文や修士論文で、研究の蓄積が多いテーマと少ないテーマが候補となった場合、一般論としては前者を選んだほうがよいと言われます（伊丹, 2001; 川﨑, 2010）。研究の「型」や方法論が学べる、先行研究で集められたデータや事実を利用できるといった利点があるからです。

　しかし、先行研究をただそのままなぞるだけでは、上で述べたように、「やるべき」研究テーマにはなりません。先行研究の限界や抱える問題を正確に把握することが重要となります。そのアプローチとしては大きく分けて、(a) 批判的レビュー・アプローチと (b) 事例中心アプローチがあります（川﨑, 2010, pp. 24-35; King, Keohane, & Verba, 1994, pp.16-17）。　批判的レビュー（演繹主義的）・アプローチは、先行研究から問題を見つけようとす

るもので、川﨑（2010）では次の6つの方略が挙げられています。

(1) 文献で重要だとみなされているが、だれも体系的な検証をしていない仮説を選ぶ。それを実際に検証してみて、支持できるかできないかを示せば学問的に貢献できる。
(2) 文献で当然視されているが、あなた自身は信憑性がないと内心思っているような（あるいはいまだに十分立証されていない）仮説を選ぶ。そして、その仮説の信憑性を調べる。信憑性がない場合、実は別の理論のほうがよりよい説明を提供できるかもしれない。
(3) 文献に見られる論争に参加して、その解決（つまりどちらの側が正しいのかの判断）に貢献する。実はその論争そのものが空回りだったことが示せるかもしれない。
(4) 文献で当然視されているが明示化されていない前提を明確にしたり、あるいはその前提の正しさを判定する研究を考える。
(5) 文献で見逃されてきた、いわば盲点ともいうべき点を選び、それを検討する。
(6) 別の分野から理論を借りてきて、自分の研究分野内の問題を解明していく。

一方、事例中心（帰納主義的）アプローチは、先行研究を通して培われた知識と事実の観察を照らし合わせて、問題点や要因を浮かび上がらせようとするやり方です。主に4つの方略があります。

(7) 現実と理論予測（あるいは説明）との間のギャップに注目し、異例（有力あるいは支配的な理論ではうまく説明できない事例）を見つけられれば、その事例を緻密に分析することにより、これまで見えてこなかった有力理論の持つ限界（例えば限られた適用範囲）が浮き彫りになって、理論研究に大きな貢献を果たすことができる。
(8) 検証したい仮説が支持される確率が最も高い事例を選んで、本当に支持されるかどうか調べる。仮に一番もっともらしい事例においてさえ成立しないのであれば、その仮説が一般的に成り立つ可能性はかなり低くなる。

（9）検証したい仮説が支持される確率が最も低い事例を選び、もしそのような事例でも成立することが示されれば、その他の事例にも当てはまる可能性が高いと言える。

（10）事例間の異なる結果（現象）もしくは異なる条件下での同一の結果（現象）という、事例と事例との間のギャップに注目し、なぜそのようなギャップが生じるのか、先行研究で満足のいく解答がすでに示されているか否かを確認する。もし解答に問題がある（あるいは解答がまったくない）なら、先行研究は問題を抱えていることになる。

　上記の4つの方法以外の、川﨑（2010）が挙げている最も初歩的な事例中心アプローチとしては、特定の事実・現象に「なぜXではなくYが起こる（起こった）のか」形式の質問を投げかけ、先行研究の中に満足のいく答え（原因に関する答え）が見つかるかどうか調べていくやり方があります。

　研究は直線的に進むことのほうが珍しく、ある時まるで閃いたかのように研究テーマが明確になることもあります。持続的に研究をしていくプロセスでは、常に「センス・オブ・ワンダー」のアンテナを張って、何か見つけるたびに「あめ玉をポケットに入れておく」ような姿勢が重要です（伊丹, 2001, p. 27）。

5　さらに詳しく学ぶための参考文献

伊丹敬之（2001）．『創造的論文の書き方』東京：有斐閣．
▶本章で引用したのは対話編の第1章と概論編の第1章ですが、その他の部分も、研究テーマを考え、絞っていく上で役立つでしょう。自分の経験に照らし合わせて頷きながら読むのは指導教員のほうかもしれませんが。

萱間真美（2013）．『質的研究のピットフォール：陥らないために／抜け出すために』東京：医学書院．
▶全体的に行間を補って読む必要があるため、データ収集や分析、論文執筆をある程度経験した人が読むとよい本ですが、第1章（特にp. 25）は本章で述べたこととリンクする部分が多く、参考になります。

📖 小塩真司・宅香菜子（2015）.『心理学の卒業研究ワークブック：発想から論文完成までの 10 ステージ』東京：金子書房.

▶心理学の卒業研究を前提としてはいますが、ここで示されているステージ 1 は、本章で述べたことを具体的な行動に置き換えたものだと言えます。本章を読んでもやっぱり何から手をつけたらよいかわからないという人は、手に取ってみるとよいでしょう。

第 3 章

先行研究の探し方

- [ ] 先行研究を読まずに研究を始めてはいけないの？
    - ▶ 1 何のために先行研究を読むのか
- [ ] 先行研究はネットだけで探せるの？
- [ ] 読みたい本が近所の図書館にないときはどうすればいいの？
    - ▶ 2 どのように先行研究の文献を探せばよいのか
- [ ] 文献はとりあえず読んでおばいいの？
- [ ] 先行研究を読んでもピンとこないときはどうするの？
- [ ] 先行研究と研究課題がうまくつながらないときはどうすればいいの？
    - ▶ 3 どう先行研究の文献を読み研究課題につなげるのか
- [ ] 英語教育ではどういう学術誌をチェックしておけばいいの？
    - ▶ 4 参考資料

1 何のために先行研究を読むのか

研究を始めるに当たり、興味のあるテーマに関する先行研究を探し、その文献を集めて読むことになります。「先行研究」とは、これから研究しようとしているテーマについて、すでに発表されている研究を指します。また、学会誌や専門誌、学術書などですでに文書の形で公開されている先行研究を「文献」と呼びます。文献は、本や論文の中で "Brown（2004）" あるいは "(Brown, 2004)" のように、著者名と発行年を併記した形で示されます。先行研究の成果である文献を集め、それらの内容を検討することで、自分が研究を進めていくために必要な知識や情報を手に入れ整理することができます。

私たちが先行研究の文献を読む目的には、主に次の3つが考えられます（表3.1を参照）。

(1) 背景知識や理論的視点について学ぶ
(2) これまで何が明らかにされているのかを知る
(3) 自分の研究の位置づけを明確にする

この3点について、1つずつ見てみましょう。

表 3.1 先行研究の文献を読む目的

目的	ポイント
(1) 背景知識や理論的視点について学ぶ	○研究テーマの全体像をつかむ ○専門用語やキーワードを知る ○その分野の理論や仮説を知る
(2) これまで何が明らかにされているのかを知る	○研究したい分野の現状把握をする ○研究したい分野の研究方法を知る
(3) 自分の研究の位置づけを明確にする	○何がまだわかっていないかを知る ○研究のオリジナリティを明確にする

1.1 背景知識や理論的視点について学ぶ

(1) 研究テーマの全体像をつかむ

これから研究を行おうとする段階で、先行研究の文献を読んでいないと、その研究テーマに関する背景知識を十分に理解しないまま研究を始めるこ

とになり、自分の研究の意義を明確にすることができません。研究の背景知識を理解するには、これまでその分野の中で何が主要な問題として研究されてきたのか、どのようなことがそれに対して主張され議論が積み重ねられてきたのかを知ることが必要です。その分野にどのようなテーマがあるかを知るために、まずは入門書や概論書を読むことをお勧めします。そうした文献で全体像をつかんでから、専門書や研究論文を読み進めましょう。

(2) 専門用語やキーワードを知る

ある分野の先行研究の文献を読む場合、特に初めてその分野の文献を読む場合、あらかじめ専門用語やキーワードとなる語句の意味を入門書などで知っておくとよいでしょう。例えば、学習者の文法的誤りに対する教師の訂正に効果があるかどうかを知りたい場合、その分野の先行研究の中では、修正フィードバック（corrective feedback）、リキャスト（recast）、焦点化したフィードバック（focused feedback）などといったキーワードが使われ議論が深められています。こうしたキーワードは、後述する先行研究の関連文献を探す場合や、その分野のこれまでの研究動向を理解したりまとめたりする際にも役立ちます。

(3) その分野の理論や仮説を知る

それぞれの研究分野では、その分野の知見を整理したり深めたりするために、理論やモデル、仮説などが提唱され議論が行われます。理論とは、ある現象が生じる理由を説明するものです。例えば、言語習得のプロセスをコンピュータの情報処理にたとえて理解しようと試みる情報処理理論（information processing theory）があります。モデル（model）とは、ある1つの現象の成立過程や構成概念（constructs; 第4章3.2を参照）の関係性を示すものです。例えば、McLaughlin, Rossman, and McLeod（1983）では、言語処理における意識と処理の関係について示したAttention-Processing Modelが提示されています。そして、第1章3.2で述べたように、仮説とは、理論やモデルに基づいて導き出された、観察・調査・実験によって具体的に検証できる考えや説を指します（これは「広い意味での仮説」あり、「狭い意味での仮説」については第6章を参照）。例えば、他者との

インタラクションを行うことが言語習得を促すと考えるインタラクション仮説（interaction hypothesis）があります（Long, 1985）。

　他の研究と共通の土台に立って議論するためには、自分がこれから研究しようとする分野において、これまでどのような理論や仮説が提唱されてきたのかを知ることが必要不可欠になります。

1.2　これまで何が明らかにされているのかを知る

(1) 研究したい分野の現状把握をする

　先行研究の文献には、その分野でのこれまでの研究成果が書かれています。公開されている先行研究の成果である文献を集め、何が明らかにされ、どこまでわかっているのか、そして何がまだ明らかにされていないのか、今後の課題としてどのようなことを追究すればよいのかを知る必要があります。その分野の全体的な現状把握をすることで、自分の研究の位置づけを明確にすることができます。

(2) 研究したい分野の研究方法を知る

　先行研究は、研究の方法を学ぶためのお手本です。どのようなテーマに対し、どのような問いを立て、どのようなデータをどのような方法で集め、得られたデータをどのように分析して、どのように解釈していくのか、先行研究から具体的に学ぶことができます。同時に、学術的な論文でよく使われる文章構成や表現、英語での書き方なども参考にできます。自分がどのように研究を進めていけばよいのか見当がつかない場合や、論文の書き方がわからず行き詰まったりした場合には、先行研究の文献の検索範囲をさらに広げるか、あるいはテーマをもっと絞り込んで探してみることをお勧めします。きっと多くのヒントが見つかることでしょう。

1.3　自分の研究の位置づけを明確にする

(1) 何がまだわかっていないかを知る

　その分野で、これまでに何が明らかになっているのか理解できたら、次に、まだ何が明らかにされていないかを知る必要があります。これまでの研究内容や方法に関して問題点や不十分な点がないか探るのです。そうすることで、自分がこれから研究の中で何をすべきかが見えてきます。

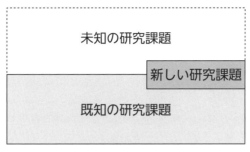

図 3.1 新しい研究課題の位置づけ

　図 3.1 に示すように、既知の研究課題と未知の研究課題を明らかにして初めて、価値のある新しい研究課題を提示することができるようになります。

(2) 研究のオリジナリティを明確にする

　研究では、自分の研究のオリジナリティを示す必要があります。そのためには、先行研究の検討を欠かすことはできません。先行研究でどこまでが明らかにされており、まだ何が明らかにされていないのか、あるいは明らかにされていることのどこに問題があるのかを示し、それに対して自分の研究がどのように貢献することができるのかを示します。それが研究の価値を表すことになります。この「研究のオリジナリティ」とは、これまでの先行研究においてまったく研究されていないことを明らかにすることで生まれるものではありません。これまでの先行研究の成果を踏まえながら、自分の研究がその領域に何らかの形で貢献することこそが、研究のオリジナリティとなるのです。

　先行研究に基づく形でのオリジナリティ創出の具体例については、3.3 の「先行研究の文献整理から自分の研究課題につなげる」を参照してください。

2　どのように先行研究の文献を探せばよいのか

　ここでは、研究に必要な文献を探す手順について見てみましょう。どのようなステップで文献を探せばよいのか、どうすれば入手したい文献まで効率よくたどり着けるのか、そして、どのように論文そのものを入手すればよいのかを見ていくことにします。

2.1 文献検索における予備知識を身につける

(1) 文献検索から入手までのステップを知る

まずは、どのように文献を検索し、どのように文献を入手するか、そのステップを知りましょう（表3.2を参照）。

ステップ（1）では、文献検索に必要な予備知識を入手します。いきなり文献を検索してみても、欲しい文献まで効率よくたどり着くことはできません。そこで、自分が関心のある研究分野の全体像を知ることから始めます。入門書や概論書を読みながら、どのようなことが研究されているのかを整理します。その中で、何度も出てくるキーワードを知ることになります。

ステップ（2）では、文献を実際に検索します。インターネット上には様々な文献検索サイトがあります。効率よく文献を探し出すためには、ある程度のコツが必要です。入門書などで学んだキーワードをうまく使いこなして検索することがカギです。

ステップ（3）では、文献を入手します。文献のある場所によって、入手方法は変わります。例えば、インターネット上から論文をダウンロードしたり、図書館に文献複写を依頼したり、図書を購入したりといった方法があります。

以下では、このステップを詳しく見てみることにしましょう。

(2) 文献のタイプを知る

文献にはいくつかのタイプがあるということを知りましょう。文献には、

表 3.2 文献検索から入手までのステップ

ステップ	ポイント
（1）予備知識を入手する	○その分野の全体像を知る ○知識を整理する（理論・モデル・仮説） ○キーワードを知る
（2）文献を検索する	○インターネット上の文献検索サイトを知る ○検索のコツを知る ○実際に検索してみる
（3）文献を入手する	○インターネット上から論文をダウンロードする ○文献複写を依頼する ○図書を購入する

図書、学術誌、論文の３つのタイプがあり（表3.3を参照）、文献を効率よく探すためには、これらの文献の特徴を知っておく必要があります。ここでは、それぞれの特徴について見てみましょう。

図書

　図書とは、1名ないしは複数名の著者が1つのテーマについて書いた、本の形になったものを指します。洋書・和書に限らず、その分野の専門家が執筆していることが多く、体系的に整理された情報を得ることができます。複数の著者が執筆した論文を編集して、1冊の論文集の形にした図書もあります。

　図書の検索では、後述する図書館蔵書検索システム OPAC, 国立情報学研究所 CiNii Books, Google Scholar, Google Books などの検索サイトや Amazon などのネット書店を活用します。本のタイトルやキーワード、著者名、出版社、出版年などを入力して図書を探すことになります。

表3.3　文献のタイプ

タイプ		具体例
図書	洋書	Ellis, R.（2015）. *Understanding second language acquisition*（2nd ed.）. Oxford University Press.
	和書	白畑知彦・若林茂則・村野井仁（2010）.『詳説 第二言語習得研究：理論から研究法まで』東京：研究社.
	論文集	Doughty, C., & Williams, J.（Eds.）.（1998）. *Focus on form in classroom second language acquisition*. Cambridge University Press.
学術誌	海外学術誌	*ELT Journal, TESOL Quarterly, System, Language Teaching Research, Language Learning, The Modern Language Journal* など（4節のリストを参照）
	国内学術誌	*JALT Journal, JACET Journal, ARELE, CELES Journal* など （4節のリストを参照）
論文	単著	Sakai, H.（2011）. Do recasts promote noticing the gap in L2 learning? *The Asian EFL Journal, 13*, 357-385.
	共著	Shintani, N., Ellis, R., & Suzuki, W.（2014）. Effects of written feedback and revision on learners' accuracy in using two English grammatical structures. *Language Learning, 64*, 103-131.

学術誌

　学術誌とは、複数の投稿論文からなる、定期的に発行される冊子を指します。基本的に、その分野での最新の情報を扱った論文を収録しています。学術誌の論文には、図書よりも早く最新情報が掲載されるという特徴があります。

　学術誌は、海外学術誌と国内学術誌に分けることができます（p. 39、表3.3を参照）。海外学術誌は、海外の学会や研究機関が発行し、多くの場合英語で書かれています。国内学術誌は、国内の学会や研究機関が発行し、日本語または英語で書かれた論文が掲載されています。自分が入手したい情報が掲載されている可能性の高い学術誌を知っておくと、効率よく論文を探すことができます（英語教育に関連する詳しい学術誌リストは4節の資料を参照）。

論文

　論文とは、上述した学術誌に掲載されている1つひとつの学術的成果のことで、観察・調査・実験などの研究を通して得られた情報や、ある分野におけるこれまでの研究動向や論点が整理してまとめられたものを指します。論文には単著と共著があります。単著論文は1人の著者が書いた論文を指し、共著論文は複数の著者が書いた論文を指します。論文の検索方法は、2.3で詳しく解説します。

　論文を探すためには、著者名、論文タイトル、雑誌名、出版年、巻数（号数）、掲載ページ番号（論文の始めと終わりのページ番号）のいずれかがわかっている必要があります。これらの情報を頼りに、検索サイトなどを活用しながら目当ての論文を掲載している学術誌名を探します。CiNii, ERIC, Google Scholarなどの検索サイト（2.2を参照）を活用しながら、論文を1本ずつ検索することになります。

その他の情報源

　図書や学術誌などに掲載される論文以外にも、自分がこれから行う研究の参考となる情報源があります。大学が発行する紀要の論文や専門雑誌などの記事です。学会や研究会が発行する機関誌には、学術的な研究論文が掲載されていますが、出版社などが発行する雑誌（例えば、『英語教育』（大

修館書店)、『STEP 英語教育情報』(日本英語検定協会))や広報誌(例えば、『Teaching English Now』(三省堂)、『GCD 英語通信』(大修館書店))は、一般読者に向けてやさしく書かれた記事が多いため、様々なテーマに関する基礎知識を得るのに適しています。

2.2　どのように文献を検索するかを知る

次に、図書・学術誌・論文をどのように探せばよいか、文献検索の方法を知りましょう。インターネット上には様々な文献検索サイトがあり、英語教育に関係する文献を探す際にはとても役立ちます。実際にサイトを訪れ、キーワードを入力し、どのような文献が検索結果として得られるか試してみましょう(表3.4を参照)。

(1) 文献収集の方法を知る

図書を探すのか、それとも学術誌に掲載されている論文を探すのかによって、検索方法が異なります。それぞれの場合について詳しく見ていきましょう。

①図書を探す場合

自分の関心のある研究テーマに関連した図書を探したい、あるいは、その図書がどこにあるのかを知りたいときなどに便利なサイトを紹介します。欲しい図書が見つかれば、その図書を所蔵する最寄りの図書館で借りるか、書店で図書を購入することになります。

表 3.4　文献を検索できる主なサイト

	名前	ホームページ
図書を探す場合	CiNii Books	http://ci.nii.ac.jp/books/
	OPAC	各大学および研究機関の図書館ホームページ
	Google Books	https://books.google.co.jp/
	Amazon	http://www.amazon.co.jp/
	日本の古本屋	http://www.kosho.or.jp/
学術誌や論文を探す場合	Google Scholar	http://scholar.google.co.jp/
	CiNii Articles	http://ci.nii.ac.jp/
	ERIC	http://eric.ed.gov/

CiNii Books（国立情報学研究所）

　CiNii（NII学術情報ナビゲータ）は、国立情報学研究所（NII）が提供する、論文、図書、雑誌などの学術情報を検索できるデータベース・サービスで、誰でも利用できます。CiNii Books（大学図書館の本をさがす）では、全国の大学図書館等が所蔵する図書や雑誌の情報を検索することができます。図書を検索すれば、それが全国のどの大学に所蔵されているのかがわかります。また、CiNii Dissertations（博士論文をさがす）では、国内の大学および独立行政法人大学評価・学位授与機構が授与した博士論文の情報を検索することができます。

OPAC（図書館蔵書検索システム）

　OPAC（Online Public Access Catalog）とは、図書館に所蔵されている図書を検索することができるデータベースです。多くのサービスは、誰でもアクセスできるようになっています。図書館のウェブページでは図書館内の蔵書を含め、様々な種類のデータベースの検索が可能です。このOPAC検索を使えば、近隣の公立図書館や他の大学図書館の蔵書も調べることができます。

Google Books

　Google Booksは、検索サイトGoogleが提供する書籍検索サービスです。英語で書かれた書籍を中心に検索することができ、さらに、全ページではないものの、中身を閲覧できる書籍もあります。その図書の目次を調べたり、購入を検討したりしたいときにはお勧めです。

インターネット書店

　和書や洋書を扱っているインターネット書店は、図書を購入する際にも利用できますが、自分がほしい図書の内容や目次、図書の一部を閲覧する目的で使うことも可能です。Amazonや日本の古本屋では古書も扱っており、新書で購入するよりも安く入手できたり、絶版になっている図書を入手できたりします。

②学術誌や論文を探す場合

　次に、学術誌および論文を探すときに役立つ検索サイトを紹介します。最近では、ウェブ上で PDF 形式のファイルを入手できる論文も増えています。検索サイトで論文本体を入手できない場合は、後述するように、当該の学術誌を所蔵する図書館に出向き、その論文を複写するか、文献複写依頼をして論文の複写を取り寄せる必要があります。

Google Scholar

　Google Scholar は、検索サイト Google が提供する学術的な検索サービスです。特に、英語で書かれた海外の研究論文を検索する際に役立ちます。通常の Google 検索と同様に、検索キーワードと最も関連性の高い情報がページの上部に表示されます。

CiNii Articles（国立情報学研究所）

　CiNii Articles（日本の論文をさがす）は、CiNii Books と同様、国立情報学研究所（NII）が提供する、学術論文情報を検索の対象とする論文データベース・サービスです。国内の学術誌や大学の紀要、雑誌などに掲載された論文を検索することができ、CiNii で、もしくは大学図書館などで公開されている論文はリンクから PDF ファイルをダウンロードすることができます。公開されている論文には無料のものと有料のものがあります。学生の場合、所属している大学が定額を支払って無料で読めるようにしていることもあるため、大学外で検索して有料と表示されたときでも、大学のコンピュータで再度検索してみるとよいでしょう。電子媒体で公開されていない場合は、最寄りの図書館に所蔵されていないかを OPAC などで調べます。

　なお、CiNii の従来のサービスは、J-STAGE という新しいサービスの開始に伴い、2017 年 3 月 31 日に終了しますが、CiNii Articles と Cinii Books は、引き続き継続される予定です（2016 年 5 月現在）。

ERIC（Education Resources Information Center）

　ERIC は、アメリカの教育省が提供する、教育学に関連する研究論文のデータベースです。英語で書かれた海外論文を検索する際に大いに役立ち

ます。研究論文が掲載されている雑誌名を知るだけではなく、その論文の要旨を読むこともできます。

③その他（海外学術誌のホームページ）

海外学術誌の目次情報は、その学術誌を発行している出版社（例えば、Oxford University Press や Cambridge University Press）のウェブページで閲覧することができます。英語教育関連の主な学術誌や出版社については、4節の参考資料を参照してください。バックナンバーの目次や、各論文の要旨などを読むことができます。学生であれば、所属している大学がその学術誌を定期講読している場合、論文を無料でダウンロードできることもあります。

(2) キーワードを手がかりに文献を探す
①入門書で適切なキーワードを探す

入手したい図書や文献を効率よく探し出すためには、自分の研究に関連のある適切なキーワードを知ることがとても大切です。やみくもに用語を入力しても、的外れの情報しか得ることができず、時間だけが過ぎていってしまいます。そうならないためにも、自分の研究についての適切なキーワードが何かをよく考えましょう。

手始めに、表3.5に示したような、自分が興味のある研究分野の用語辞典や入門書を読み、その分野で頻繁に使われているキーワードを見つけましょう。入門書とは、その分野でどのようなことがわかっていて、どのようなことが研究されてきているかを全体的・網羅的・体系的に提示している図書のことです。始めは、日本語の入門書があればそれをまず読み、そのあと英語の文献に当たるとよいでしょう。

その際、注意すべきは、学術的な研究で用いられているキーワードは、日常的に使われている語とは異なる場合がある点です。例えば、生徒の文法ミスに対する教師のチェックの効果について、どのようなことが明らかになっているのかを知りたくて検索するとき、「文法チェック」というキーワードでは、文献を探し出せない可能性があります。この場合、「誤り訂正」、「修正フィードバック」、"corrective feedback" というキーワードでないと、このテーマに関する文献を正しく見つけ出すことはできません。この

表 3.5　英語教育に関する用語辞典および主な入門書（例）

分野（例）	書名（例）
用語辞典	白畑知彦ほか（2009）.『英語教育用語辞典 改訂版』東京：大修館書店. 小池生夫（編）（2003）.『応用言語学事典』東京：研究社. Richards, J. C., Schmidt, R. W. (2010). *Longman dictionary of language teaching & applied linguistics.* London: Routledge. 鈴木良次（編）（2006）.『言語科学の百科事典』東京：丸善.　ほか
第二言語習得	大関浩美（2010）.『日本語を教えるための第二言語習得論入門』東京：くろしお出版. 白畑知彦・若林茂則・村野井仁.（2010）.『詳説 第二言語習得研究』東京：研究社.　ほか
リーディング	卯城祐司（編）（2009）.『英語リーディングの科学』東京：大修館書店. 門田修平・野呂忠司・氏木道人（編）（2010）.『英語リーディング指導ハンドブック』東京：大修館書店. 門田修平・野呂忠司（編）（2001）.『英語リーディングの認知メカニズム』東京：くろしお出版.　ほか
ライティング	大井恭子（編）（2008）.『パラグラフ・ライティング指導入門』東京：大修館書店. 小室俊明（編）（2001）.『英語ライティング論』東京：河源社.　ほか
リスニング	Lynch, T. (2009). *Teaching second language listening.* Oxford University Press. Underwood, M. (1989). *Teaching listening.* Harlow: Longman. 武井昭江（編）（2002）.『英語リスニング論』東京：河源社.　ほか
スピーキング	Goh, C. C. M., & Burns, A. (2012). *Teaching speaking.* Cambridge University Press. 馬場哲生（編）（1997）.『英語スピーキング論』東京：河源社. 泉惠美子・門田修平（編）（2016）.『英語スピーキング指導ハンドブック』東京：大修館書店.　ほか
文法指導	Purpura, J. E. (2005). *Assessing grammar.* Cambridge University Press. 田中武夫・田中知聡（2014）.『英語教師のための文法指導デザイン』東京：大修館書店.　ほか
語彙指導	望月正道・相澤一美・投野由紀夫（2003）.『英語語彙の指導マニュアル』東京：大修館書店. 門田修平・池村大一郎（編）（2006）.『英語語彙指導ハンドブック』東京：大修館書店.　ほか
評価	望月昭彦ほか（編）（2015）.『英語4技能評価の理論と実践』東京：大修館書店. 田中正道（監修）（2005）.『これからの英語学力評価のあり方』東京：教育出版.　ほか

ように、ある研究分野の中で頻繁に使われる用語は専門用語（technical terms）と呼ばれます。その分野の専門用語を知らなければ、効率的に検索を行うことができません。逆に言えば、その分野の適切な専門用語を知っていれば、素早く必要な文献にたどり着くことが可能です。

②文献検索を行う過程で、さらなる関連キーワードを見つける

　文献検索を行う中で、自分の研究対象となる事柄に関連する表現や新たなキーワードが見つかることがよくあります。例えば、「音読」というキーワードに関する先行研究の文献を検索していると、"oral reading"という英語表現や「音韻符号化」（phonological coding）という専門用語に出会います。そして、「音韻符号化」または"phonological coding"という新たなキーワードを用いて文献検索をすると、「音読」というキーワードで検索したときとはまったく異なる文献を探し出すことができます。このように、その分野の専門知識を増やしていくことで、さらなる関連情報を入手することができます。

(3) 芋づる式で文献を探す

　文献には、引用文献（references, 文言を引用した文献）や参考文献（bibliographies, 文言の引用はしていないが考え方を参考にした文献）のリストが必ずあります。その文献リストの中には、あなたの関心のあるテーマを扱った研究論文があるかもしれません。このように、ある文献の引用・参考文献リストから別の文献を探し出すことを、「芋づる式」で文献を探すと言います。

　入門書だけでなく、学術誌の研究論文にも、引用・参考文献が必ずあります。できる限り最新の論文を入手することで、最近の論文から過去にさかのぼってより多くの文献を探し出せるようになります。自分の関心に沿って研究論文を読み進めていくと、引用文献として必ず引用されている、基本的な文献があることがわかってきます。そうした基本的な文献はその分野の研究をする上で優先的に読むべきものであり、自分の研究の位置づけを明確にするのに役立ちます。

(4) 文献を探すその他の方法

その他にも、文献を探し出す方法には次のようなものがあります。

①大学の教員や先輩に相談する

大学の教員や先輩に、どのような文献に当たるとよいのか直接尋ねてみるのも有益です。大学教員は、その分野の専門家です。自分の研究したいことを伝えれば、どのような文献を読む必要があるか教えてくれます。先輩も、どのように文献を見つければよいかヒントを教えてくれるでしょう。

②レビュー論文を探して読む

過去から現在までの先行研究を網羅的に取り上げ、その分野の研究動向をコンパクトにまとめている論文のことをレビュー論文（review articles）と呼びます。レビュー論文を読むことで、数多くの先行研究の文献を見つけられると同時に、これまでの研究の流れや論点、そしてこれからの展望を知ることができます。レビュー論文には、「〇〇研究の展望と課題」や"A Literature Review"などといったタイトルがついています（レビュー論文の例：Hyland, K. & Hyland, F., 2006）。

レビュー論文が手に入らなかったとしても、1つひとつの研究論文の冒頭には、先行研究レビューのセクションが必ずあります。最新の研究論文を取り寄せて、レビューセクションを読んでみるだけでも、その分野の先行研究と流れを知ることができます。

③日本の英語教育学会の学術誌から論文を探す

自分のテーマに関連する研究論文を探す際に、入門書と同じくらいに役立つのが、日本の英語教育学会の学術誌です。そうした学術誌は、日本の研究者の論文を主に掲載しているため、話題が身近で、その上、日本語で書かれている論文も多くあります。参考文献も豊富に掲載されています。日本の英語教育学会の学術誌にどのようなものがあるかについては、4節の参考資料のリストを参照してください。学術誌の目次を見て、自分の研究に近い論文がないか探してみましょう。

2.3　どのように文献を入手するかを知る

では、実際に文献を入手する方法を見てみましょう。

(1) インターネットから論文をダウンロードする

最近では、ウェブ上で PDF ファイルの形で無料入手できる論文が増えてきました。図 3.2 は、Google Scholar で検索をした結果、PDF ファイルで入手できる論文の例です。

(2) 図書館で図書や学術誌を探す

図書館の OPAC を利用し、手に入れたい図書や学術誌が所蔵されていないかをチェックします。入手したい図書や学術誌が最寄りの図書館に所蔵されていれば、そこに出向いて手に入れます。事前に、自分がその図書館を利用することが可能かどうか、開館時間は何時かなどを調べてから行くとよいでしょう。書誌情報（著者名、論文タイトル、雑誌名、出版年、巻数（号数）、掲載ページ番号（論文の始めと終わりのページ番号））をもとに、必要な文献を探します。目当ての冊子が見つかれば、それを借りたり、必要な部分のみ（有料で）コピーをとることになります。

(3) 図書館で文献複写および貸借依頼をする

目当ての図書や学術誌が遠方の図書館にあり、直接出向くことが難しいこともあります。そのような場合には、郵送費や複写費は実費負担になりますが、その図書館に文献複写や図書の貸借を依頼して、最寄りの図書館に郵送してもらうサービスを利用することができます。国内の図書館に所蔵されている図書や学術誌であれば、4, 5 日で最寄りの図書館に届きます。図書館に行く前に、自分がそのサービスを利用できるかどうか、電話や電子メールで確認するとよいでしょう。

3　どう先行研究の文献を読み研究課題につなげるのか

文献を集めて読み始めたものの、情報だけが増えてしまい、何を研究すべきか見えにくくなってしまうことがあります。どのように文献を読み、

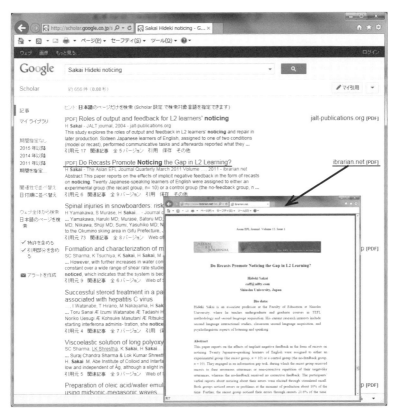

図 3.2　Google Scholar での PDF のダウンロードの例

研究課題に関連づけていけばよいかを見てみることにします。

3.1　先行研究の文献を読む際のポイントを知る

　論文を読む際には、論文構成に沿って、以下のポイントを意識するとよいでしょう（p.51, 表 3.6 の A から E までを参照）。まず、研究テーマについて、主な研究目的や研究課題、あるいは仮説が何であるのかを把握します。研究目的や研究課題を理解できていると、それを指針にしながら論文を読み進めることができます。

　次に、研究の背景について把握します。同じ分野において、これまでの先行研究でどのようなことが研究され、どのようなことが明らかにされてきているのかなど、その分野での研究動向を理解します。そうすることで、研究の意義や、研究が行われた理由を理解することができます。

そして、研究課題を追究するために、どのような研究方法が使われたのかを見ます。例えば、2タイプの異なる指導を行った結果、学習者にどのような伸びが見られたのを観察するような実験研究の場合、テストの得点を使って効果を見ようとしているのか、それとも文法の誤りの頻度を測定して効果を見ようとしているのかなど、どのようなデータを収集して実験が行われているのかを把握します。

　さらに、その研究でどのようなデータ分析の手法が使われているのかを読み取ります。質的あるいは量的データによって分析手法は異なりますが（詳しくは第5・6章を参照）、研究課題を解決するためにどのようなデータ分析の方法が使われているかを確認します。

　最後に、主な研究結果やその結果から示唆されるものは何であるのかを押さえます。その研究結果が、先行研究におけるこれまでの知見と、どのように関連しているのかを見ることになります。

　上記のポイントを押さえて論文内容を一通り理解することができたら、今度は、論文内容の批判的検討を行います（表3.6のFを参照）。この表では、量的アプローチを用いた研究を想定しています。論文を批判的に読むとは、調査や実験に問題点はないか、考察や結論に飛躍はないかを検討しながら、理論的および方法論的な視点から、自分なりの問いを立てるということです。そこで、まずは、その研究の目的と仮説が妥当なものになっているかどうかを検討します。そして、その研究が対象としている構成要素（変数）が正しく記述され定義されているかどうか、研究デザインや実験手順、データ分析手順が適切であったかどうか、さらに、結果と分析が一貫しているかどうか、研究の結論や示唆には飛躍がないか、などを検討します。このような視点で論文を読み返すことで、その研究論文の問題点や課題を見つけ出し、新たな問いを生み出すことができます。

3.2　先行研究の文献を整理する

(1) 書誌情報を記録する

　文献を引用したり参考にしたりする場合、書誌情報を記録しておくことが必要です。書誌情報とは、図書の場合、「著者名」、「本のタイトル」、「発行元（出版社）」、「発行年」を指します。和書では本の奥付、洋書ではタイトルページの次のページに書かれています。論文の場合には、「著者名」、「出

表 3.6　研究論文を読む際のチェックリスト

論文の構成	チェックするポイント
A　研究テーマ	1　主要な研究領域は何か 2　研究目的は何か 3　主要な研究課題あるいは仮説は何か
B　研究の背景	1　同じ分野での先行研究にはどのようなものがあるか 2　それらの主要な研究結果はどのようなものか 3　研究の理論的根拠は何か 4　なぜその研究を行うことが重要なのか
C　研究方法	1　研究の主な変数は何か 2　どの研究デザイン（実験研究、相関分析、記述的リサーチ、多変量分析、エスノグラフィー）が使用されているか 3　母集団とサンプルの選択手順はどのように記述されているか 4　データの収集の手順（その開発、信頼性、妥当性、予備研究に関わる情報）はどのようなものか 5　収集データはどのように記述されているか
D　データ分析	1　使用したデータ分析の方法は何か 2　それらは質的あるいは量的、または両方か
E　研究結果	1　主要な結果は何か 2　その結果から研究者が結論づけたことは何か 3　結果は研究の背景と土台となる理論にどのように関わっているか 4　結果に基づいて研究者はどのようなことを示唆しているか

研究の批判的検討

F　上記AからEおよび、次の8点についての検討	1　目的の記述は適切か 2　仮説は適切か 3　変数の記述と定義はされているか 4　研究デザインは適切か 5　実験手順は適切か 6　データ分析手順は適切か 7　結果と分析は一貫しているか 8　結論や示唆が結果によって根拠づけられているか

（セリガー・ショハミー, 2001 を参考に筆者が改変）

版年」、「論文タイトル」、「雑誌名」、「巻数」、「ページ番号」を記録しておきましょう（p. 52, 表 3.7 を参照）。あとで読み返す必要が出てきたときや、論文の参考文献リストを作成するときに便利です。

(2) 要約を残す

　文献を読み終えたら、要約文を残しておきましょう。文献を大量に読んでいくと、それぞれの文献でどのようなことが書かれていたのか記憶が不正確になりがちです。そこで、表 3.7 のように、自分の言葉で内容を要約して記録しておくとよいでしょう。その際、関連する複数の先行研究の要約表を作成することを念頭に置きながら、その研究の中で何が重要な要素であるかをよく考えて、要約文を書いておくことをお薦めします。表 3.7 は、研究目的、研究方法、研究結果についてまとめた要約の例です。

表 3.7　文献の記録方法（例）

書誌情報	要約
Ellis, R., Sheen, Y., Murakami, M., & Takashima, H. (2008). The effects of focused and unfocused written corrective feedback in an English as a foreign language context. *System, 36*, 353-371.	〈研究目的〉 　本研究の目的は、日本人大学生が物語文を書く際に生じる冠詞の文法的誤りに対し、焦点化された修正フィードバックと焦点化されていない修正フィードバックのどちらにより大きな効果が見られるのかを比較することにある。 〈研究方法〉 　日本人大学生 49 名を対象とし、物語文形式のテキストを英語で書かせ、その英作文での英語の冠詞（不定冠詞と定冠詞）の文法的誤りを 3 つのグループに分け、フィードバックの効果を見た。第 1 グループには、冠詞の誤りのみに焦点化した修正フィードバックを与え、第 2 グループには、冠詞だけでなくその他の文法的誤りも修正する焦点化しない修正フィードバックを与えた。第 3 グループには、修正フィードバックを与えず内容に対してのコメントのみ与えた。3 つのグループのフィードバックの効果を調べるために、プレテスト・ポストテスト 1・2 で英語の冠詞の使用における正確さを測定した。 〈研究結果〉 　いずれのグループもポストテストで正確性が高まったが、ポストテスト 2 においては、統制グループと修正フィードバックを与えた 2 グループとの間に正確性で差が見られた。焦点化されたグループと焦点化されていないグループとの間には、正確性の差は見られなかった。したがって、英語の冠詞の誤りに関して、何らかの修正フィードバックに効果が見られることが明らかになったものの、焦点化された修正フィードバック、および焦点化されていない修正フィードバックのいずれにより大きな効果があるかまでは明らかにはならなかった。

3.3　先行研究の文献整理から自分の研究課題につなげる

(1) 研究対象の構成要素を明確に捉える

　第2章の2.4で述べられているように、すでにある程度の数の研究論文が公表されている研究テーマについて調べるときには、自分の研究対象の構成要素をしっかりと押さえておくことが大事でした。それは文献整理をする際にも同様で、先行研究をその構成要素に基づいて分類しておくと、自分の研究テーマを絞り込みやすくなります。

　例えば、修正フィードバックの場合を例に考えてみましょう。単に「生徒の文法エラーチェック」という用語だけで捉えていたのでは、山のように存在する研究論文を絞り込むことはできません。そこで、Ellis（2009）の論文を調べると、フィードバックには以下のような要素があることがわかります。

　　◇フィードバックのタイプ
　　　視点1) モード：　口頭 vs 筆記
　　　視点2) 修正の提示方法：　直接的 vs 間接的
　　　視点3) 焦点の有無：　焦点化 vs 非焦点化
　　　視点4) その他：　メタ言語的説明の有無／書き直しの有無

　生徒が書いた作文の文法エラーを教師がチェックするという行動には、その構成概念を細かく捉えれば、様々なタイプがあることがわかります。例えば、モードの視点から見れば、口頭で行うフィードバック（oral feedback）と、作文に書き込んで返すフィードバック（written feedback）があります。修正の提示方法の視点で見れば、どのような誤りかを直に示す直接的なフィードバック（direct feedback）と、誤りの箇所に下線などで示す間接的なフィードバック（indirect feedback）があります。焦点の有無という視点で見ると、ある1つの文法に絞って誤りを指摘する焦点化フィードバック（focused feedback）と、1つの誤りに限らず文法的な誤りをすべて修正する非焦点化フィードバック（unfocused feedback）があります。そして、その他の視点としては、生徒の誤りに対して文法用語などを用いてメタ言語的な説明（meta-linguistic explanation）をするかし

ないかや、生徒に書き直し（revision）を求めるかどうかなどが考えられます。このように、研究対象となる構成要素を緻密に捉えることにより、研究に必要なキーワードの整理ができたり、研究テーマをより深めることができたりします。

(2) 文献を整理した表を作成する

　キーワードをもとに文献を集めると、よく似た内容を調査した文献が数多く見つかることがあります。手元に文献が増えてくると、結局これらの文献が何を検討しているのか論点が見えなくなったり、どのように自分の研究に関連づければよいかわからなくなったりすることがあります。その場合、手に入れた複数の文献を自分の研究課題につなげるために、表3.8のような文献整理を行うことをおすすめします。

　ここでは、修正フィードバックの中でも、筆記による修正フィードバックの効果について考えてみます。このキーワードでヒットする文献は、すでに複数あります。上述の文献の要約記録をもとにしながら、複数の文献を並べ、さらに整理して表にします。表の縦軸は、年代の古い順に文献を並べてみるとよいでしょう。表の横軸は、「目的」、「対象」、「構造」、「指導方法」、「測定方法」、「主な結果」などの項目を設けると各文献の論点がはっきりします。「目的」には、その研究がどのような目的で行われたのかを簡潔に書きます。「対象」や「構造」には、どのような学習者を対象にしたのか、どのような言語構造を対象として指導が行われたのかなどを書いておきます。「指導方法」には、どのような指導方法が用いられたのかを書きます。「測定方法」には、どのようなテストや実験デザインを用いて指導効果を調べたのかを書きます。「主な結果」には、実験や調査などの結果、どのようなことがわかったのかを書きます。

(3) 先行研究のレビューを自分の研究課題に関連づける

　表3.8のように文献を整理しておけば、あとで論文を作成するとき、特にイントロダクションのセクションで、先行研究のレビューから研究課題に至るまでの過程を書く際に大いに役立ちます。また、複数の論文を並べて客観的に眺めることで、今後さらに明らかにすべき論点が見えてきます。表3.8のように整理した結果、筆記による修正フィードバックについての

研究テーマでは、次のようなことがまだ十分に明らかにされていないことが見えてきます。

〈文献整理によって見えてきた論点（例）〉
○外国語としての英語（EFL）を学ぶ、中高生などの初期レベルの学習者には、筆記による修正フィードバックの効果はあるのか
○筆記による修正フィードバックは、冠詞以外の言語構造に対して効果が見られるのか
○筆記による修正フィードバックの中でも、どのようなタイプのフィードバックにより効果が見られるのか

表 3.8　複数の文献の整理（例）

先行研究	目的	対象	構造	指導方法	測定方法	主な結果
Sheen (2007)	Written CFのタイプの違いによる効果の有無	ESL成人学習者91名	(不)定冠詞	1) 直接CF 2) メタ的CF 3) CFなし	英作文：プレテスト、ポストテスト1&2	1) 2) > 3)
Bitchener (2008)	Written CFのタイプの違いによる効果の有無	ESL成人学習者75名	(不)定冠詞	1) CFと口頭メタ的指導 2) CFと筆記メタ的指導 3) CFのみ 4) CFなし	英作文：プレテスト、ポストテスト1&2	1) 2) 3) > 4)
Ellis et al. (2008)	Written CFのタイプの違いによる効果の有無	日本人大学生49名	(不)定冠詞	1) 非焦点化CF 2) 焦点化CF 3) CFなし	英作文：プレテスト、ポストテスト1&2	1) 2) > 3)
Sheen et al. (2009)	Written CFのタイプの違いによる効果の有無	ESL成人学習者80名	(不)定冠詞	1) 非焦点化CF 2) 焦点化CF 3) CFなし 4) 指導なし	英作文：プレテスト、ポストテスト1&2	1) 2) 3) > 4)

※表中のCFは、corrective feedbackを指す。符号＞は差が見られたことを意味する。

これまでの研究では、どのような学習者を対象とするのか、どのような言語構造を対象にするのか、どのようなタイプの筆記による修正フィードバックに効果があるのか、などの事柄がまだ十分に検証されていないということが指摘できるというわけです。このように捉えてみると、研究対象を単に「生徒の文法エラーチェック」と捉えていたときと比べ、研究テーマを絞りやすくなり、研究課題の価値もより明確になることがわかるでしょう。

このように、先行研究の文献を整理することで、今後さらに明らかにすべき論点を効率よく見つけることができます。自分の研究において、先行研究の成果を踏まえた整合性のある研究課題を提示するためには、表3.9に示すように、代表的な先行研究を、その問題点が浮き彫りになるような形で取り上げることが必要です。そして、その成果と整合性のある形で自分の研究の研究課題を提示することができれば、論理的に筋の通った研究になることでしょう。

表3.9 先行研究レビューから研究課題に至るまでのポイント

ポイント	解説
(1) 中心的な論点の提示	当該研究の中心となる論点を明瞭に提示する
(2) 先行研究の提示	代表的な先行研究を十分に取り上げる
(3) 先行研究の整理	先行研究を十分に整理して提示する
(4) 先行研究の課題の指摘	先行研究の問題点を明確に示す
(5) 自分の研究課題の提示	先行研究の問題点と整合性のある形で研究課題（仮説）を提示する

3.4 先行研究をもとにして研究を進めるパターン

ここまでは、具体的な例をもとに先行研究の文献を整理する方法を見てきましたが、先行研究をもとにして研究を進めるパターンには、表3.10に示したように様々なものがあります。1つずつ見てみましょう。

(1)の追試（replication）的確認は、先行研究の研究課題および研究方法を用いると、同じ結果が本当に得られるのかどうか、実験や調査を行って確認することを指します。追試的確認の研究は、自然科学の分野では頻繁に行われますが、英語教育の分野では少ないことが指摘されています（浦野・亘理, 2013）。(2)の文化的検証は、海外で行われた研究の成果が、日

本にも適用できるのかどうかを検証する研究です。第二言語習得の分野では、第二言語として英語を学ぶ ESL 環境での研究成果が、外国語として英語を学ぶ EFL 環境にも適用できるかどうかを検証する研究が多く見られます。(3)の時代差の検証は、過去の時点で検証された研究の成果が、時を経た現在であっても通用するのかどうかを検証することを指します。例えば、コミュニカティブな言語指導とは何を指すのかについて教師の認識を調査した 20 年前の研究成果と比べ、現在の教師の認識はどのように変化しているのかを見るような研究がこれに当たります。(4)の異領域への拡張は、別の研究領域で検証されている仮説が、英語教育においても同様に検証できるのかどうかを見ることを指します。

　(5)の条件の拡張とは、先行研究の成果を、対象の条件を広げて一般化することができるかどうか検討することを指します。(6)の適用年齢の拡張は、先行研究の成果を、別の年齢の対象者についても適用できるかどうか検証することです。(7)の実証的な統合とは、同じ研究テーマのもとで複数の先行研究があり、矛盾した結果が導き出されている場合に、発展的な説明や結果を得ることができないかどうか追究することを指します。前掲の表 3.8 (p. 55) で見た先行研究の整理はこれに当たります。(8)の技術的な改良は、先行研究の方法上の課題を指摘し、その改良案を提案したり、改良された方法を使って新たな調査や実験を行ったりすることを指し

表 3.10　先行研究をもとにして研究を進めるパターン

パターン	解説
(1) 追試的確認	先行研究の再現性を確認する
(2) 文化的検証	異なる文化、地域、国々などに一般化（あるいは限定）する
(3) 時代差の検証	過去の研究成果を現代に一般化（あるいは限定）する
(4) 異領域への拡張	別領域、別ジャンルに一般化（あるいは限定）する
(5) 条件の拡張	同一パラダイム内で一般化（あるいは限定）する
(6) 適用年齢の拡張	調査対象の年齢を一般化（あるいは限定）する
(7) 実証的な統合	諸研究の矛盾を解消して発展的に統合する
(8) 技術的な改良	新技術・技法を提案する
(9) 理論の実証	データのない理論的・体験的仮説を実証する
(10) 質的成果の加除	事例のラインナップを増やす

（大野木・渡辺, 2014 に基づく）

ます。(9)の理論の実証は、体験に基づいただけの信念やまだ実証されていない言説を、データをもとに検証することを指します。

最後の(10)の質的成果の加除とは、先行研究の存在しない研究テーマについて、理解を深めたり、新たな仮説を導き出したりするために、観察や調査を行って質的データを提供することを指します。第5章で見る質的研究がこれに当たります。この章では、特に先行研究が行われている研究分野を想定して、話を進めてきましたが、キーワードを探してみても適切なものが見つからず、先行研究が十分に見つからない分野も少なくありません。研究対象とする構成要素が明確にされていない、あるいは実態すら十分に捉えられていない分野も数多くあります。そのような場合には、探索型の研究を行うことになります（第5章を参照）。

4 参考資料

◆海外主要学術誌

Applied Linguistics
ELT Journal
Foreign Language Annals
Journal of Second Language Writing
Language Learning
Language Teaching
Language Teaching Research
Language Testing
Modern Language Journal
Second Language Research
Studies in Second Language Acquisition
System
TESOL Quarterly

◆国内主要学術誌

JALT Journal（全国語学教育学会）
JASTEC Journal（日本児童英語教育学会）

Language Education & Technology（外国語教育メディア学会）
Second Language（日本第二言語習得学会）
STEP Bulletin（英検研究助成報告書）（日本英語検定協会）
The Language Teacher（全国語学教育学会）
中部地区英語教育学会紀要（CELES Journal）（中部地区英語教育学会）
中国地区英語教育学会研究紀要（CASELE Bulletin）（中国地区英語教育学会）
大学英語教育学会紀要（JACET Journal）（大学英語教育学会）
英語授業研究学会紀要（Journal of Teaching English）（英語授業研究学会）
英語教育研究（SELT）（関西英語教育学会）
語研ジャーナル（The IRT Journal）（語学教育研究所）
北海道英語教育学会研究紀要（HELES Journal）（北海道英語教育学会）
関東甲信越英語教育学会研究紀要（KATE Journal）（関東甲信越英語教育学会）
九州英語教育学会紀要（KASELE）（九州英語教育学会）
日英・英語教育学会学会誌（JABAET Journal）（日英・英語教育学会）
日本言語テスト学会誌（JLTA Journal）（日本言語テスト学会）
四国英語教育学会紀要（SELES Journal）（四国英語教育学会）
小学校英語教育学会紀要（JES Bulletin）（小学校英語教育学会）
東北英語教育学会研究紀要（TELES Journal）（東北英語教育学会）
全国英語教育学会紀要（ARELE）（全国英語教育学会）

◆国内主要雑誌（商業誌）

英語教育（大修館書店）
英語展望（ELEC）
新英語教育（三友社）
STEP 英語教育情報（日本英語検定協会）

◆大学発行の学術誌

国内の各大学および研究機関が発行する学術誌にも論文が掲載されています（例：『山梨大学教育人間科学部研究紀要』）。

5 さらに詳しく学ぶための参考文献

📖 大木秀一（2013）.『看護研究・看護実践の質を高める文献レビューのきほん』東京：医歯薬出版.

▶文献研究の進め方についての方法を、課題設定、文献検索、内容検討、文献統合、論文執筆の5つのステップに分けて詳しく丁寧に解説しています。数多くの先行研究の文献をどのように整理して研究を進めていけばよいか迷っているという読者の方には特におすすめです。

第 4 章

研究課題とデータ

- [ ] 研究課題が思いつかないときはどうすればいいの?
- [ ] 研究課題が漠然としているときはどうすればいいの?
  - ▶ 1 どのように研究課題を設定するのか
- [ ] データの集め方にルールってあるの?
  - ▶ 2 データ収集法にはどのようなものがあるのか
- [ ] どういうものがデータになるの?
  - ▶ 3 どのようなデータのタイプがあるのか
- [ ] データを集めた後は何をすればいいの?
  - ▶ 4 データの分析・解釈にはどのような方法があるのか

1 どのように研究課題を設定するのか

研究テーマについての先行研究を検討し、その知見や問題点を整理したら、次のステップは、自らの研究課題を絞り込んで設定することです。そして、データを収集し、分析していくことで、研究課題に対する答えを導き出します。

研究課題の設定は、研究を進める上でとても重要です。なぜなら、研究課題の種類によって、データの収集法や分析、解釈方法が異なってくるからです。言い換えれば、研究課題が決まれば、その後のデータの収集法や分析法が決まります。しかし、どのように研究課題を立てて、どのようにデータを取るべきかわからないという声がよく聞かれます。そこでこの章では、まず研究課題を考えるための観点を提示し、研究課題の立て方、深め方について説明します。そして、研究課題の種類に合わせてどのようなデータをどのように収集するべきか、収集したデータを分析、解釈する方法にはどのようなものがあるかを検討します。

1.1 研究課題の種類を知る

まず、研究課題の種類を知ることから始めましょう。研究課題には大きく分けて、探索型と検証型があります。次の（1）と（2）は、Yamada (2014) の研究における研究課題です。

（1）英語で授業が行われる際に教師がどのような足場掛け（scaffolding, 学習者がタスクを行えるようになるための教師の支援）を行っているか
（2）教師が行っている足場掛けからどのような示唆が得られるか

Yamada (2014) は、学習者に対する教師の足場掛けの特徴について調査するために、高校で行われている英語の授業を観察しました。教師による足場掛けがどのような行為を指すのかを明確に定義した後、先行研究を概観し、足場掛けの種類について方法や機能の観点から整理しています。その上で、上記の2つを研究課題に挙げています。この研究では、授業の中で起きている現象を観察したり記述したりすることを目的としています。このように、現象について何らかのパターンや法則性を発見すること

を目的とした研究課題を、探索型の研究課題と呼びます。

次の（3）と（4）は、Izumi and Bigelow（2000）の研究における研究課題です。

(3) アウトプット活動が、後のインプットを処理する際に言語形式の気づき（noticing）を促進するか
(4) アウトプットの後にインプットを与える活動を通して、学習者の目標形式の表出の正確さが向上するか

Izumi and Bigelow（2000）は、Swain（1985）の提唱するアウトプット仮説に言及し、アウトプットが言語学習に果たす役割のうち、アウトプットすることで目標形式に対する気づきが促進されるという仮説が十分に検証されていないことを指摘しました。そこで、上記の（3）と（4）の2つの研究課題を設定し、アウトプットが学習の対象となる言語形式に対する気づきやその習得を本当に促進するのかどうかを検証しています。このように、現象についての仮説を明確に設定し、データを収集したり分析したりすることによって、その仮説を実証することを目的とした研究課題を、検証型の研究課題と呼びます。

図4.1に示したように、探索型の研究課題を設定した場合と、検証型の研究課題を設定した場合とでは、研究の進め方が異なります。探索型の研究課題は、大まかな課題は持ちますが、厳密な仮説を事前に設定することはしません。むしろ、現象から理論や仮説を帰納的に推測して生成していきます。そのため、データ駆動的（data-driven）であると言えます。一方、

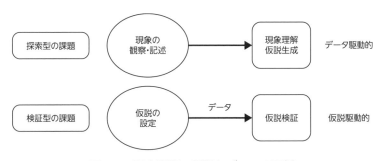

図4.1　研究課題の種類とデータの関係

検証型の研究課題では、事前に仮説を設定し、その仮説の真偽を知るためのデータを収集し、分析することで演繹的に実証していきます。そのため、仮説駆動的（hypothesis-driven）であると言えます（Seliger & Shohamy, 1989）。

1.2 探索型と検証型の研究課題を選択する

探索型の研究課題と検証型の研究課題は、どのように選択するべきでしょうか。1つの判断基準として、関連する分野の先行研究がどの程度蓄積されているかが挙げられます。明確な仮説や予測が立てられるほど十分な先行研究が見られない場合には、探索型の研究課題を設定します。

しかし、探索型の研究課題を設定するときには文献を読む必要がないということではありません。むしろ、綿密に文献検討を行い、本当に探索型の研究課題で研究を進めるべきかどうかを十分に考える必要があります。実際、先行研究の検討をしっかりと行えば検証的な研究課題を設定して研究ができるはずなのに、探索的な研究課題を設定して研究を進めてしまう例が多く見られるという報告もあります（浦野, 2012）。

探索型の研究ばかりが多くなってしまうと、次々と新たな仮説や研究課題が増えていき、その検証が行われず、研究結果が集約されていかない恐れがあります。また、「とりあえずデータを集めた」研究となって、研究課題に沿わないデータ収集、分析が行われてしまう可能性もあります。そうなると、研究課題に対する答えが適切に導かれません。さらに、先行研究の分析が十分になされないまま行われる探索型の研究は、当該分野における位置づけが不明確になる可能性が高いでしょう。その結果、自己満足の単発的な研究で終わってしまい、他の研究者に認知してもらえなくなるかもしれません（第1章を参照）。このような危険性を避けるためにも、研究テーマに関連がありそうな文献を網羅的に収集し、整理を行った上で、本当に探索型の研究課題でなければ研究を進めることができないかをよく検討することが必要です。

一方、先行研究から明確な仮説や予測を立てることが可能な場合には、検証型の研究課題を設定します。例えば、前述の Izumi and Bigelow (2000) では、Swain (1985) によって提示されたアウトプット仮説について、アウトプットが言語習得に果たす役割を提示し、その中で気づきの促

進という役割がこれまで十分に検討されていなかったことから研究課題を設定しています。つまり、この研究は、アウトプット仮説の検証という位置づけで研究が行われています。

検証型の研究課題を立てた別の研究例として、水本 (2011) を見てみましょう。水本の研究では、語彙学習方略（語彙学習を効果的に行うための学習方法）において、動機づけ（学習者が課題を達成しようとする気持ち）が大きな影響を及ぼすことが先行研究で調査されていること、そして、動機づけが果たす役割が自己調整学習（self-regulated learning）という概念と類似していることを指摘します。自己調整学習の中では、自己効力感（self-efficacy）という概念が重要な役割を果たすことが先行研究より明らかになっています。水本はこの点に注目し、先行研究で提示されている語彙学習のモデルを自己調整学習の枠組みに当てはめ、語彙学習における自己効力感の影響について検証しています。ここには、先行研究の語彙学習のモデルと自己効力感との関係を検証するという研究の位置づけが見られます。このように、先行研究を十分に検討した結果、明確な仮説が設定できる場合には、検証型の研究課題において研究を進めることができます。

検証型の研究課題を設定するためには、先行研究を綿密に検討することが必要不可欠です（先行研究の検討方法については、第2・3章を参照）。綿密な先行研究の分析の上に積み上げられた研究課題は、英語教育研究全体の中での位置づけがはっきりとします。自分の研究とこれまでの先行研究との関連性が明確になるため、自分以外の研究者に認知してもらえる可能性が高まります（第1章を参照）。

1.3　研究課題の目的と成果を一致させる

探索型、検証型のいずれの研究課題でも、その目的と成果にねじれが生じないように注意する必要があります。図 4.2 (p. 66) を見てください。1.1 で述べたように、探索型の研究課題は現象の理解や仮説の生成を、検証型の研究課題は設定された仮説の真偽の検証を行うことを目的としています。しかしながら、もともと探索的な研究課題で研究を始めたはずなのに、データを収集し、分析した結果、まるで仮説が検証されたかのように報告してしまうことがあります。

例えば、過去形を指導する際に、A という指導法を用いたとしましょう。

図 4.2 研究課題の目的と成果の組み合わせ

そして、指導法 A に対する学習者の意識を質問紙によって調査したとします。得られたデータを分析したところ、指導法 A が学習者に好印象であることがわかりました。その際に、実際に指導法 A の効果をテスト等で検証していないにもかかわらず、「指導法 A は過去形の学習に効果が見られることが明らかになった」と結論づけてしまうと、明らかに論理の飛躍があります（指導法 A が学習者に好印象だったとしても、指導法 A を行ったことで本当に過去形の学習が促進されたかどうかはわかりません）。

また、検証型の研究課題で研究を始めたにもかかわらず、データの収集、分析に問題があったり、そもそも課題の絞り込みや用語の整理等が十分ではなかったりするために、仮説の検証になっていないこともあります。このような場合、探索型の報告としてまとめてしまうと、仮説検証という研究課題に適切に答えていないことになります。研究の目的が、仮説検証なのか、現象理解、仮説生成なのかを常に頭に入れ、目的と成果を一致させるようにしましょう。

1.4　研究課題のレベルを知る

自分が立てた研究課題が探索型か検証型かわからない場合には、研究課題のレベルについて考えてみましょう。研究課題には、以下の 3 つのレベルが考えられます（加藤, 2012）。

レベル1: 「何」を問う課題
レベル2: 関連性を問う課題
レベル3: 因果関係を問う課題

レベル1の「何」を問う課題とは、「○○とは何か」、「○○には何が生じているのか」を問う課題です。前述した「英語で授業が行われる際に教師がどのような足場掛けを行っているのか」というYamada（2014）の研究課題は、「何」を問う研究課題であると言えます。このレベルの研究課題は、先行研究から知見や仮説を設定し、その真偽を確認するタイプの研究課題ではなく、むしろ、観察したり記述したりした現象から仮説を生成するタイプの研究課題です。つまり、「何」を問う研究課題は、探索型の研究課題であると言えます。

レベル2は、「AとBには関連があるか」という関連性を問う課題です。関連性、関係性には、「Aが起こるときにはBも起こる」という共起関係や、「Aが大きくなればBも大きくなる」といった相関関係があります。このレベルの課題には、要因と要因の関係を探索的に問うものと、先行研究で明らかになりつつある要因同士の関係を検証するものがあります。例えば、前述の水本（2011）は、語彙学習と自己効力感の間に関係性が見られることを検証しています。

レベル3は、「Aを行うとBが生じるか」という因果関係を問う課題です。前述のIzumi and Bigelow（2000）は、(a)アウトプット活動が、後のインプットを処理する際に言語形式の気づきを促進するか、(b)アウトプッ

研究課題のレベル	研究課題の形式	研究課題の種類
レベル1：「何」を問う課題	○○とは何か？	探索型
レベル2：関連性を問う課題	AとBには関連があるか？	探索型・検証型
レベル3：因果関係を問う課題	Aを行うとBが生じるか？	検証型

図4.3　研究課題のレベルと種類

トの後にインプットを与える活動を通して、学習者の目標形式の表出の正確さが向上するか、という2つの研究課題を設定していました。これらの研究課題は、因果関係を問う課題であると言えます。このレベルの課題では、「Aを行ったらBが生じる」という仮説を立てて、その仮説の真偽を検討します。そのため、検証型の研究課題であると言えます。

このように、自分の研究課題がどのレベルにあるかを把握することができれば、それが探索型なのか検証型なのかを知ることができます（p. 67, 図4.3を参照）。

1.5 研究課題を精緻化する

研究のプロセスにまだ十分慣れていないうちは、1.1で示したような絞り込まれた研究課題ではなく、あいまいな研究課題を設定してしまうことがよくあります。例えば、「日本の学校現場で効果的な文法の指導法は何か」、「動機づけと習熟度の関係は何か」といったものです。これでは漠然としすぎていて、何をどのように研究すればよいのかがはっきりとしていません。このような研究課題をさらに絞り込んで精緻化するためには、どうすればよいでしょうか。

加藤（2012）は、よい研究課題には、以下の4つが含まれていると述べています。

（1）研究対象者（参加者）（participant）
（2）要因・介入（exposure/intervention）
（3）比較対照（comparison）
（4）成果・結果（outcome）

これら4つの頭文字をとって、PECOまたはPICOと呼ばれています。これらの構成要素が明確で具体的になれば、漠然とした研究課題がより精緻化されたものになります。以下、1つずつ見てみましょう。

1点目は研究対象者です。研究対象者について検討することは、研究結果が適用できる範囲について考える上でとても重要です。なぜなら、ある文脈において有効であると示された知見が、別の文脈においても有効であるとは限らないからです。例えば、英語を何年も学習してある程度の知識

を持っている大学生に対して、文法指導Aが有効だと示されても、英語学習を始めたばかりの小学生に対して、それが有効である保証はありません。また、「大学生」を対象としても、大学生の英語能力や学習環境は様々ですから、どのような大学生を対象とするかによっても研究結果は変わるでしょう。言い換えれば、研究対象者を変えた研究も、十分オリジナリティのある研究になり得ると言えます。

　2点目は、要因・介入を具体的に検討することです。例えば、「文法指導」と言っても、明示的に目標形式を指導する方法もあれば、目標形式を含んだインプットを意図的に多く与える方法も考えられます。また、学習者の発話に対して修正フィードバックを与えることも、一種の文法指導であると言えるでしょう。「動機づけ」や「習熟度」に関しても同様のことが言えます。どの「文法指導」について研究を進めるのか、何に対する動機づけと何に対する習熟度との関連を調べるのかを特定していくことで、漠然とした研究課題が明確で具体的なものになります。そして、「文法指導」や「動機づけ」といった研究分野において自分の研究の位置づけが明確になります。後に述べる調査研究の場合は要因を、実験研究の場合は介入を具体化していきます。

　3点目は、比較対照を考えることです。例えば、文法指導の効果について研究する場合に、何と比較して指導の効果の有無を判断するのでしょうか。1つの例としては、文法指導を行わないグループ（統制群、control group）との比較が考えられます。つまり、文法指導を行うグループと行わないグループを比較することで、文法指導の効果の有無について検討することができます。研究課題によっては、比較対照は1つとは限りません。例えば、明示的な文法指導を行うグループ、暗示的な文法指導を行うグループ（対照群、contrast group）、そして文法指導を行わないグループの3グループを比較するような研究も十分に考えられます。

　比較対照を考える際は、何のために比較をするのかを検討することが重要です。指導の効果自体が疑われる場合は統制群との比較が有効ですが、指導に何らかの効果があることは自明で、どういう指導法に効果があるのかを明らかにしたい場合は統制群との比較よりも対照群との比較が重要になるでしょう。また、群を設けるということはそれだけ多くの研究対象者が必要になるということになり、倫理的側面も含め慎重に考える必要が出

てきます。

　4点目は、成果・結果を具体的に検討することです。例えば、「効果的な文法の指導法」という研究課題の場合、「効果的」とは何について効果的であることを指すのでしょうか。目標形式に対する明示的な知識を習得することでしょうか。それとも、自らのアウトプットの中で目標形式を正確に使用できることでしょうか。アウトプットにも、ライティングやスピーキングが考えられます。さらにスピーキングにも、単方向（one-way）のものや双方向（two-way）のものなど様々なものが考えられます。このように、効果と言っても様々なものが考えられますから、何におけるどのような成果なのかを具体的にすることで、研究課題が精緻化されます。

　以上の4点を踏まえて、冒頭で例に挙げた、「日本の学校現場で効果的な文法の指導法は何か」という漠然とした研究課題を絞り込んだものが図4.4 です。この図では、研究対象者を中学生、介入を明示的文法指導、比較対照を暗示的文法指導、成果・結果をスピーキング時の表出の正確さ、として研究課題を絞り込んだものです。各項目をどのように絞り込んで具体化するかは、先行研究の知見や調査したい研究テーマによって異なりますが、漠然とした研究課題を、研究対象者、要因・介入、比較対照、成果・結果の観点から詳細に検討することで、研究課題が焦点化され、具体的になったことが見てとれるでしょう。

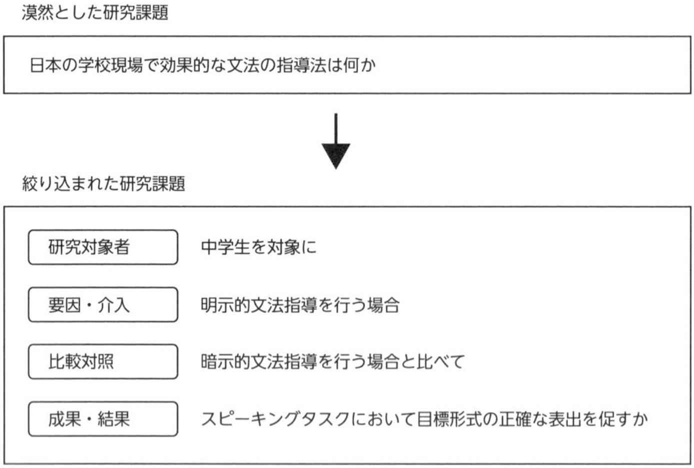

漠然とした研究課題

日本の学校現場で効果的な文法の指導法は何か

↓

絞り込まれた研究課題

研究対象者	中学生を対象に
要因・介入	明示的文法指導を行う場合
比較対照	暗示的文法指導を行う場合と比べて
成果・結果	スピーキングタスクにおいて目標形式の正確な表出を促すか

図 4.4　研究課題を精緻化する 4 つの要素

2 データ収集法にはどのようなものがあるのか

　研究課題が設定されたら、課題に対する答えを導き出すために、どのようなデータをどのように収集していくかを考える必要があります。本節では、データを収集する方法について見ていきます。

　データの収集法は、事例研究、調査研究、実験研究の3種類の研究デザインに分けて考えることができます（p.74, 図4.5を参照）。それぞれが異なった目的、方法で行われるため、研究課題に合わせて収集法を検討する必要があります。以下で、それぞれの研究デザインにおける収集法について概観します。

2.1　事例研究

　事例研究（case study）では、ある特定の局面や場面を取り上げ、観察したり聞き取りを行ったりすることで、事例について深く調査します。先行研究があまりないときや、知見が特定の文脈でどのように関係しているのか、影響を及ぼしているのかを調査するときに用いられます。一般的に、質的データを用いて、「何」を問う研究課題に取り組むときに用いられます。

　事例研究の例として、千田（2014）があります。千田は、英語の授業において単位取得ができなかった学生、単位保留後に課題の提出によって単位が認められた学生を「英語の授業にのれない学生」とし、研究対象者が学習意欲を失い、単位取得が困難になった過程や要因について研究しています。この研究の対象となった学習者は3名ですが、1時間のインタビューを行い、それぞれの学習者から様々な情報を引き出すことを試みています。そして、3名の学習者から得られたデータを、質的アプローチを用いて分析し、研究課題に対する答えを導き出しています。

　千田（2014）の例からもわかるように、事例研究では、特定の場面や少数の学習者を対象としていますが、その分綿密なデータ収集が行われます。また、少数の事例に焦点を当てて研究が行われるため、得られた研究結果を一般化することは目的としていません。むしろ、詳細なデータをもとにして事例について深く理解したり、現象を説明できるような理論（この場合の理論は一般化可能な理論とは意味が異なります）を構築したりすることを目的としています。

2.2　調査研究

　調査研究（survey study）では、対象についての意図的な介入を行わずにデータを収集します。例えば、中学生の学習量と動機づけの関係について調査したいとします。その場合、学習量を尋ねる質問項目と動機づけを測定する質問項目を設定した質問紙を用いてデータを収集する方法が考えられます。

　前述の水本（2011）は、自己効力感が語彙学習方略に与える影響について調査するために、質問紙と語彙テストを用いてデータを収集しています。そして、得られたデータを統計的に分析して、自己効力感と語彙学習方略の関係について検討しています。この研究の対象となった学習者は、語彙学習指導などの介入を受けることなく、質問紙と語彙テストに答えており、研究対象者のありのままの情報が収集されていると言えます。

　調査研究は、要因と要因の関係がまだ不明確な場合や、先行研究において明らかになりつつある要因同士の関係について検証する場合に用いられます。つまり、関連性を問う課題に取り組む際に有効な方法です。特に、研究課題に関わる要因の実態や研究対象者の心情について、研究者による介入の影響がない状態で情報を抽出したり、現象間の関係を調べたりすることに向いています。

　調査研究では、データを横断的（cross-sectional）に収集する方法と、縦断的（longitudinal）に収集する方法があります。横断的な方法とは、時間の経過に伴う変化を調査する際に、同一時期にデータを収集する方法です。一方、縦断的な方法とは、時間の経過に伴う変化を調査する際に、実際の時間の経過に沿ってデータを収集する方法です。例えば、中学1年生から3年生までの3年間を通して、学習者のライティング能力がどのように向上するかを調査したいとします。横断的研究の場合には、中学1年生、2年生、3年生に対して、同時期に調査を行ってデータを収集します。つまり、一度の調査で中学1年生から3年生までのデータを収集することになります。短期間でデータを収集することができますが、それぞれの学年で異なった協力者からデータを収集しているため、同一の調査協力者から得られたデータではないということを考慮に入れる必要があります。一方、縦断的な研究の場合には、調査協力者が中学1年生の時にデータの

収集を開始し、2年生、3年生になるのに沿ってデータを収集します。同一の調査協力者からデータを収集することができますが、求めるデータが揃うまでに時間がかかります。

調査研究を計画する際には、研究課題に関係があると思われる要因を考慮に入れることが求められます。例えば、中学生の学習量と動機づけの関係について調査する場合、地域や学校の違いが大きく影響するかもしれません。ゆえに、ある地域のある学校から得られたデータだけで中学生一般を論じるのは危ういですが、その一方で、日本全国の様々な中学校を対象にした大規模調査の実施は簡単ではありません。調査研究は、実行可能性と、得られるデータから明らかにできることの見込みのバランスに注意して行わなければなりません。

2.3 実験研究

実験研究（experimental study）では、調査したい変数について、意図的に介入を行いながらデータを収集します。例えば、指導法Aを行う場合と行わない場合とでは、学習者の発話の正確さにどのような違いが生じるかを調べたいとします。このような場合、どのようにデータを収集すればよいでしょうか。一例として、指導法Aを行うグループ（実験群）と指導法Aを行わないグループ（統制群）を設定します。ここでは、発話の正確さにおいて、両群の学習者に著しい差がないことが前提です。実験ではまず、両群にプレテストを行います。指導を受ける前の能力を測ると同時に、両群の能力の分布に偏りがないかなどを確認します。次に、実験群には指導法Aを行い、その後にポストテストを行います。統制群には何も行わず、実験群と同時期にポストテストを行います（指導後のどのタイミングでポストテストを行うべきかは研究課題により異なります）。両群のプレテストとポストテストの結果を比較することで、指導法Aの効果について検討することができます。

前述のIzumi and Bigelow (2000) では、研究課題について調査するために、アウトプット活動を行うグループと、インプットの理解確認問題に取り組むグループが設定され、各グループで異なった介入が行われています。そして、介入の前後に気づきの量を測定するテストを行い、その結果を比較することで、アウトプットが気づきの促進に及ぼす効果について検

討しています。このように、実験研究は、因果関係を検証しようとするときに有効です。したがって、十分な先行研究があり、知見の関連性について仮説を設定できる場合に行われます。

実験研究では、調査したい変数を厳密に測定するために、変数に影響を与えると思われる要因（交絡要因）を統制する研究デザインを計画することが求められます。例えば、指導の順序が指導の効果に影響を及ぼさないか、テスト形式やテストを行う際の時間設定が結果に影響を及ぼさないかなど、細かいことについても検討する必要があるでしょう。検討した内容は、研究発表や論文執筆の際に参照できるように、メモを残しておくと役立ちます。また、得られた結果が、研究対象者のみならず、より大きな集団において一般化できるかどうかを検証するために、後述する量的アプローチを用いて研究が行われることが多いのも特徴です。

データ収集の3つの方法として、事例研究、調査研究、実験研究を見てきましたが、それぞれの特徴を整理してまとめたものが、図4.5になります。

図4.5　データの収集法

3　どのようなデータのタイプがあるのか

次に、研究を行う上で、どのようなデータを収集するのかについて考えます。よく、「どのようなデータをとればよいかわからない」という声を聞きますが、そもそもデータとは何でしょうか。端的に言えば、データとは、探索型あるいは検証型の研究課題に答えるための資料や証拠です。

研究課題に対する答えは、自分の信念や権威ある研究者、達人と呼ばれる授業実践者の言葉から得るのではなく、先行研究で示されたデータを検

討したり、現象を観察したり、調査を行ったり、実験をしたりする中で得られる情報を踏まえて導き出す必要があります（第2章を参照）。データには様々なものが考えられますが、研究課題に答えるための資料として耐えうるものであれば、データになると言えます。

本節では、データのタイプについて概観した後、研究において用いられる具体的なデータの種類とそれらの特徴について考えます。

3.1　データのタイプの違いを区別する

データは、質的なデータと量的なデータの2つに分類されます。質的なデータとは、数値で示されていない記述的なデータです。授業記録、学習者の英作文、面接や会話（の書き起こし）などが挙げられます。一方、量的なデータとは、数値で示されているデータです。例えば、テストの得点や発言の回数、エッセイで書いた語数などがあります。

一般的に、探索型の研究課題では質的なデータが、検証型の研究課題では量的なデータが収集されることが多いです。しかし、これは絶対ではありません。例えば、質問紙やテストに基づく予備調査（pilot study）の場合には、探索型の研究課題を設定し、量的データの分析、解釈をもって全体的な傾向を把握しようとすることもあります。また、事例研究において、研究対象についての理解を得る手段として、量的データを収集、分析することも考えられます。

データの取り方や研究課題にもよりますが、質的データは、得られたデータの内容面に焦点を当てることに適しています。例えば、学習者に英語学習への思いを質問紙に書いてもらった場合には、その内容に焦点を当てて、どのようなことが言えるかを分析することが可能です。一方、量的データは全体の傾向を把握するのに適しています。例えば、40人のテストの点数について平均値（mean, M）や標準偏差（standard deviation, SD）を算出したり、図やグラフで表したりすることで、グループ全体の傾向が掴みやすくなります（第6章を参照）。

質的データは、後述する質的アプローチを用いて分析を行うことが多いですが、量的データに変換して、量的アプローチを用いて分析を行うことも可能です（林, 2010）。例えば、スピーキングの発話の正確さを測定するために、学習者の発話を録音し、書き起こしたとします。書き起こしたデー

タは質的データと言えますが、このデータから誤りを含んでいない節数と総節数をカウントし、誤りのない節の割合を算出すると、データは量的なものに変換されることになります。

3.2　データ収集の種類を区別する

次に、データの収集の手段としては具体的にどのようなものがあるかを考えましょう。データ収集の手段は大きく分けて、(1)観察、(2)聞き取り、(3)テストの3つがあります（図4.6を参照）。それぞれの特徴について概観します。

(1) 観察によるデータ収集

観察によるデータ収集とは、学習者の様子や行動からデータを得ることです。例えば、学習者が英語母語話者との会話の中で困難に陥ったときに、どのように切り抜けているかを知りたいとします。この場合、学習者と英語母語話者の会話を録音することで、学習者が困難な状況を切り抜ける際に使用している方略についてのデータを得ることができるでしょう。また、1.1で取り上げたYamada（2014）のように、英語で行われる授業において教師が行っている支援の方法を知りたい場合、実際に授業を録画し、教師が行っている指導法に焦点を当てて観察することで、データを収集することができます。そして、収集したデータから、教師の支援の方法について何らかの法則性やパターンを明らかにできる可能性があります。このように、観察は、研究対象者の行動の特徴や法則、パターンを知りたいときに有効です。

観察によるデータ収集法には、大別して、音声や動画による記録と、

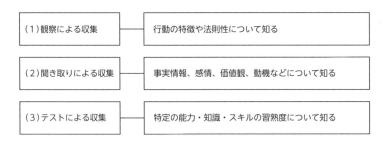

図4.6　データ収集の手段とその特徴

フィールド・ノーツの2種類があります。以下でそれぞれについて概観します。

(a) 音声、動画記録

音声や動画記録は、授業や活動、指導時の研究対象者の様子を観察する際によく用いられます。具体的には、活動中の研究対象者同士の会話音声や、授業の動画などが考えられます。前述のYamada（2014）では、高校の英語の授業がビデオに記録されました。

音声や動画でその場の様子を記録しておくことで、普段であればその場限りになってしまう活動中の発言や様子について、後から見返したり聞き直したりすることができます。近年では、ビデオカメラやICレコーダーなど、大容量のデータを記録できる機器や、スマートフォンやタブレット端末など、一台で映像も音声も記録できるような機器も増えました。このようなツールの進歩のおかげで記録が容易になりました。

録音や録画は便利なデータ収集法ですが、考慮に入れておくべき点もあります。1点目は機器の不具合です。自分は記録したと思っていても何らかの不具合で実は記録できていなかった、ということは往々にして起こり得ます。途中でバッテリーが切れて記録されていなかったということや、録音、録画ボタンを押し忘れていたということもあります。そのため、機器の操作には十分習熟しておくとともに、可能であれば、記録機器を2つ準備するなどして、二重に記録を取ることも検討する必要があります。

2点目は、記録機器が研究対象者に与える影響です。ビデオカメラを向けられて自然体で話せる人が少ないように、目の前に記録機器がある場合とそうでない場合とでは、環境が異なります。そのため、学習者同士の会話を記録しようとしても、目の前の記録機器を意識して、話す内容や態度に気を遣ってしまい、普段の様子が観察できない恐れがあります。したがって、記録機器が存在することによる心理的な影響も考慮に入れる必要があります。

3点目は、記録の分析や見返し、聞き直しには膨大な時間がかかることです。当たり前ですが、1時間の記録は、そのまま見返すだけでも最低1時間はかかります。ある特定の場面について焦点を当てて慎重に見返す場合などもあるので、それ以上の時間がかかることもあるでしょう。また、

音声や動画記録は、しばしば書き起こされた上で分析されます。録音の状態によっては聞こえづらい箇所があり、何度も繰り返し聞く必要も出てくるでしょう。書き起こしはとても地道な作業であり、作業に慣れていない人はもちろん、慣れている人にとっても心が折れそうになる作業です。データの分析には時間がかかるものだということを心に留めて、計画的にデータの処理を進めましょう。

(b) フィールド・ノーツ

　フィールド・ノーツとは、観察した内容をノートやメモに記述し、データとして活用することを指します。フィールド・ノーツは、観察によるデータの記録として典型的なものです。観察した授業や活動中の出来事のような事実とともに、研究者自らが感じたことや出来事の解釈をノートに記録しておくことで、体験したことを言語化することができます。また、紙とペンがあればデータを収集できるため、機器の準備が必ずしも必要でないこともフィールド・ノーツの特徴と言えます。

　英語教育の分野ではあまり見られませんが、日本語教育や保育の分野では、フィールド・ノーツの記録をデータとして収集し、分析している研究があります。例えば、尾関（2008）は、日本の公立小学校に編入したオーストラリア人の女の子に対する支援のあり方について研究していますが、この研究では、支援の内容、支援時の女の子の様子、女の子の語り、クラスメイト、両親、教師の言葉を記録したものをデータとして活用しています。そして、エピソード記述（鯨岡, 2005）と呼ばれる方法を用いて分析し、課題に対する答えを導き出そうと試みています。

　フィールド・ノーツを観察現場に持ち込んでデータを収集する際に考慮に入れるべき点として、観察時の立ち位置があります。例えば、調査の目的を研究対象者にも知らせるべきかどうか、観察対象の場に積極的に関与していくべきかどうか、自分が実践者として指導や活動を行いながら、同時に記録もとっていくのかどうか、などを考慮する必要があります（佐藤, 2006; 志水, 2005）。また、音声や動画による記録と同様、ノートに記録するという行為が研究対象者に何らかの影響を及ぼす可能性も考えられます。そのため、いつ、どこで、どのように記録するかということも検討する必要があります（Emerson, Fretz, & Shaw, 1995）。

	特徴	留意点
音声・動画記録	授業や活動の記録	記録機器の扱いや影響の考慮 書き起こしのための時間の確保
フィールド・ノーツ	出来事や体験の言語化	観察時の立ち位置 書き方、書く時期の工夫

図 4.7　観察によるデータ収集

　関口（2013）では、フィールド・ノーツを記録する際の留意点が示されています。まず、出来事や事実の記述と、解釈や意見の記述を分けて書いておくことです。これらの記述を分けておくことで、後に事実レベルの記述をデータとして活用したときに、その解釈の方法について研究者同士で議論することが可能になります。また、観察後の記録は可能な限り早く書き始めるように心がけましょう。「次の日に書こう」と思っていると、観察直後に考えたことや感じたことを忘れてしまいます。授業の録音やビデオ記録が残っていても、記録はつけておくことが推奨されています。そして、後にデータとして活用することを考えて、他者にもわかる記述を心がけるとよいでしょう。そのためには、観察時のメモをもとに、フィールド・ノーツをまとめ直すことも1つの方法です（佐藤, 2002）。フィールド・ノーツについては、第5章でさらに詳しく解説します。

(2) 聞き取りによるデータ収集

　観察の他に、研究対象者に聞くことでデータを収集することもできます。例えば、観光業に必要な英語使用場面について知り、その情報を基にシラバスを開発したいと考えたとします。このようなときには、実際に観光業に携わっている人たちに職場でどのような英語使用を行っているかを聞くことで、情報を得ることができるでしょう。また、英語の授業が英語で行われる際の学習者の心情について知りたい場合、学習者に聞き取りをすることでデータを得ることができるでしょう。聞き取りによるデータ収集は、事実情報に加えて、研究対象者の感情や価値観、動機といった心理的な側面について知りたいときに有効な方法です。

　聞くことでデータを収集する方法には、質問紙（アンケート）とインタビュー（面接）があります。それぞれの特徴を概観しましょう。

(a) 質問紙

　質問紙（questionnaire）は、調査したい事柄について、研究対象者に一定の形式で尋ねてデータを収集する方法です。研究の場面だけでなく、学校現場でもよく用いられているため、比較的馴染み深いタイプのデータかもしれません。通常は紙面で行われますが、近年では、オンライン上でアンケートを作成して回答してもらうことも手軽にできるようになりました。オンライン上のアンケートフォームや電子メールを用いれば、その場にいない人からもデータの収集が可能となります。質問紙は、特定の質問項目について大量のデータを収集するのに向いています。

　質問紙には様々な形式があります。例えば、「英語を勉強することは将来の役に立つ」という項目について、1（まったく当てはまらない）から7（とても当てはまる）のいずれかの数値を選択することによって回答を得る形式（評定型）があります。このタイプの質問紙は数値でのデータ（量的データ）が得られるため、後述する量的アプローチを用いて、効率よく分析することが可能です。また、「あなたは英語の授業についてどう思いますか」といった質問について、学習者が自由に記述するタイプの質問紙もあります。このような自由記述型の質問紙は、回答形式に縛りがないため、回答者が自分自身の言葉で質問に答えることができます。このタイプの質問紙は、通常質的アプローチで分析されます。

　田中（2014）では、ドラマや映画を用いた指導について、動機づけの観点から研究していますが、研究課題によって異なったタイプの質問紙を使い分けています。田中の研究では、ドラマや映画を用いた指導を行うことで、課題を達成する自信や、自分の能力を発揮する機会を持ちたいという有能性の欲求が高まるかどうかを検証していますが、この研究課題では評定型の質問紙を用いてデータを収集しています。また、動機づけが高まるときの、英語の授業での有能性の欲求の働きのメカニズムを捉えるという研究課題も設定していますが、こちらの研究課題に対しては、自由記述型の質問紙を用いて調査をしています。このように、どのような質問紙を用いるべきかは、研究課題と照らし合わせて考える必要があります。

　質問紙を作成する際には、質問項目に細心の注意を払う必要があります。例えば、回答者にとって理解が難しい表現、意味があいまいな表現、気分を害するような表現を用いていないかを検討する必要があります。「Aや

Bについてどう思いますか」のように、1つの質問に複数の論点を含んでいないかも注意する必要があります。

　さらに、たとえ質問紙を配布して回答を要求しても、作成者の意図した通りの回答が得られるとは限らないということを考慮に入れる必要があります。例えば、1つの質問紙に大量の質問項目が掲載されていたら、あなたが回答者ならどう感じるでしょうか。回答の途中で集中力が途切れて、丁寧に回答することをやめてしまうかもしれません。また、自由記述型の質問紙を用いて回答者から意味のある豊かな内容の記述を引き出そうと意図していても、場合によっては、「面白かったです」の一言で回答が終わってしまうことも考えられます。このようなことをできる限り防ぐためにも、事前に予備調査を行い、質問項目や質問紙の形式、質問数などについて十分に検討しておく必要があります。

(b) インタビュー

　インタビューは、研究対象者に口頭で直接聞くことでデータを収集する方法です。特に、直接観察できない事柄について、研究対象者との会話を通じて情報を収集します。前述の千田（2014）では、「英語の授業にのることのできない学生」に対してインタビューを行い、様々な情報を収集することを試みました。

　インタビューを実施する際には、事前に質問項目を設定しておくかどうか、そして調査したい項目から話が逸れた場合にどうするべきかを考えておく必要があります。インタビューには、事前に質問項目を設定し、それに基づいて質問をしていく構造化インタビュー（structured interview）や、事前に質問項目を設定せずに自由に質問をしていく非構造化インタビュー（unstructured interview）、ある程度事前に質問項目を設定しながら、話の流れに応じて柔軟に質問順序を変えたり、追加の質問をしたりするような半構造化インタビュー（semi-structured interview）があります。研究課題と照らし合わせて、どのタイプのインタビューが適しているかを考えるとよいでしょう。

　インタビューは、うまく行えば少数の研究参加者から深い内容のデータを引き出すことが可能です。しかし、インタビューに慣れていないと、豊かな内容のデータを十分に引き出せないまま終わってしまうこともありま

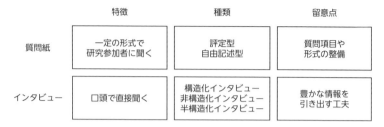

図4.8　聞き取りによるデータ収集

す。そうならないためにも、事前の下調べを十分に行ったり、質問者が話しすぎたりしないことが重要です。また、質問紙のように一度に大人数のデータを収集することは、インタビューでは極めて困難であることも考慮に入れる必要があります。

(3) テストによるデータ収集

「データ」と聞くと、テストの得点をイメージする人は多いでしょう。テストは、研究対象者の能力やスキル、知識について知りたいときに有効なデータ収集法です。例えば、教師が学習者の様子を観察する中で「あの生徒はスピーキング能力が伸びたな」と感じたり、学習者が授業の感想に「スピーキング能力が伸びました」と書いたりしても、本当にその学習者の能力が向上したかどうかはわかりません。もちろんこのような基準がすべて間違っていたり、当てにならなかったりするというわけではありません。能力の向上を実感できることは重要な意味を持つでしょうが、学習者の能力がどの程度向上したかを検討するためには、何らかの形で実際に測定してみることが必要です。そして、特定の時点の特定の学習者を超えて、測定したい能力について適切に診断するためには、何らかの共通のものさしを用いて客観的に検討することが必要です。

　ある指導法の有効性について知りたい場合、その指導を行った前後にテストを行い、変化を検討することで指導の効果について測定することができます。例えば、Izumi and Bigelow（2000）では、アウトプットの後にインプットを与える活動を通して、学習者の目標形式の表出の正確さが向上するか、という研究課題に対して、指導の前後に文法性判断テストと口頭による表出テストを行っています。そして、プレテストとポストテスト

の得点を比較することで、指導の効果について検討しています。

　テストでは、測定したい能力について、研究対象者に課題を与えてパフォーマンスを引き出します。そして、引き出したパフォーマンスを適切な基準に沿って評価し、測定したい能力について検討します。そのため、どのような課題を与えてどのような学習者のパフォーマンスを引き出すかを考えることが重要になります。例えば、スピーキングテストを実施する際には、どのような形式で実施するかをよく考えなければいけません。スピーキングテストには「1分間トピックAについて話してください」という単方向のものもあれば、「1分間トピックAについてペアで話してください」という双方向のものも考えられます。単方向の発話と双方向の発話とでは、求められる能力も引き出される学習者のパフォーマンスも異なったものになることが考えられます。また、テストには、あるテーマについて話すよう求めるものもあれば、4コマ漫画を描写することを課すものもあります。トピックが変われば、用いられる語彙や文法項目も変わることが予想されますから、学習者から引き出されるパフォーマンスは異なったものになるでしょう。

　「文法テスト」も同様です。文法性判断テストのように、英文の中で誤っている箇所の指摘や訂正を求めるタイプもあれば、目標形式を含んだ英文の表出を求めるタイプのテストも考えられます。前者の場合、誤りの指摘、訂正というパフォーマンスを求めることになりますが、後者の場合には、目標形式を含んだ英文の表出というパフォーマンスを学習者から引き出すことになります。そのため、これら2つのテストによって引き出されるパフォーマンスは、異なる知識や能力を測定している可能性があることを考慮に入れる必要があるでしょう。

　また、学習者から引き出したパフォーマンスをどのように評価するかを検討する必要もあります。例えば、文法性判断テストにおいて、正しく誤りを訂正できれば2点、それ以外は0点とする場合と、誤りを指摘することはできたが訂正することはできなかった回答者にも1点を与える場合とでは、得られるデータに違いが出てくることは明らかです。同様に、スピーキングテストにおいて、「流暢さ」を測定するとき、「1分間に学習者が発話した語数」をカウントする場合と、「発話中のポーズの数」をカウントする場合とでは、同じデータを分析していても、研究結果に違いが

出る可能性があります。

　テストを行う上でどのような課題や評価方法が適切かを考えるためには、構成概念を検討することが極めて重要です。構成概念を検討するとは、「スピーキング能力」や「文法能力」など、実際には目に見えない能力がどのような能力によって構成されているかを具体的に検討することを言います。例えば、「スピーキング能力」には、ある内容について統語的に正確な発話ができる力が含まれているかもしれませんし、流暢に話すことができる力が含まれているかもしれません。スピーキング能力を構成している概念である「流暢さ」についても、ある時間内で多くの語句を話せる力を指すかもしれませんし、言い淀みをせずに話せる力を指すかもしれません。「文法能力」についても同様のことが言えます。「文法能力」とは、目標形式に対する明示的な知識（対象について言語で説明できるような知識）を持っていることを指すのでしょうか。目標形式が含まれているインプットを正確に理解する力を指すのでしょうか。それとも、スピーキングやライティングの中で目標形式を正確に使用する力を指すのでしょうか。このように考えると、同じ「スピーキングテスト」や「文法テスト」でも、想定する構成概念によってはまったく異なるテストが必要になることがわかるでしょう。

4　データの分析・解釈にはどのような方法があるのか

　事例研究や調査研究、実験研究においてデータを収集したら、それらを分析、解釈することで研究課題に対する答えを導き出していきます。データの分析、解釈の方法には様々なものがありますが、本節では大別して、質的アプローチ、量的アプローチの2つを取り上げ、その目的や方法について考えます。

4.1　質的アプローチ

　質的アプローチとは、与えられたデータについて数値を伴わずに分析する方法です。ある現象がどのような意味を持っているのか、どのような意図があるのかといったことを解釈し、現象を説明できる理論やモデルを生成することが質的アプローチの目的です。そのため、質的アプローチは仮

説生成に向いたアプローチと言えます。

　質的アプローチには、ナラティブ探究（narrative inquiry）やグラウンデッド・セオリー・アプローチ（Grounded Theory Approach, GTA）など様々な方法があります。前述の千田（2014）や田中（2014）では、収集したインタビューデータや自由記述データを、構造構成主義的質的研究法（Structure-Construction Qualitative Research Method, SCQRM）と呼ばれる方法を用いて分析しています。質的アプローチの各方法には、それぞれ異なった学問的背景や目的があります。この点については、第5章で研究事例とともに代表的な方法について詳しく説明します。

　質的アプローチでは、特定の学習者や現象を対象として分析を行います。そのため、調査したい事例、研究目的に適した対象者を意図的に選択する点が特徴的です。これを合目的的抽出（purposive sampling）と呼びます。例えば、千田（2014）では、「英語の授業にのれない学生」を、英語の授業において単位を取得できなかった学生、単位保留後に課題の提出によって単位が認められた学生とし、これらの条件に合う学生を意図的に選んで調査をしています。

　また、研究者の主観的な視点を積極的に活用する点も質的アプローチの特徴です。つまり、データの収集、分析、解釈の場面で、研究者の感覚や見解に基づく判断も取り入れながら仮説や理論の生成が行われます。「研究」と聞くと客観性のみが重要視され、主観性は排除されるべきものであると思いがちですが、質的アプローチにおいては必ずしもそうではないということを考慮に入れる必要があります。

4.2　量的アプローチ

　量的アプローチとは、数量化されたデータを分析する方法です。収集された量的データを分析し、結果の集約・一般化を目指します。量的アプローチは、理論やモデル、仮説を検証する目的で利用されることが多く、調査や実験を行う際よく用いられます。

　量的アプローチでは、主に統計処理を用いて分析が行われます。統計処理には記述統計（descriptive statistics）と推測統計（inferential statistics）があります。記述統計とは、手元にあるデータの特徴を分析するための手法です。入手したデータの平均値や標準偏差を算出することはよく行われ

ますが、これは記述統計の範疇に入ります。それに対して、推測統計とは、手元にあるデータ（標本 ; sample）から、もともと関心のあった集団（母集団 ; population）の特性について推測する手法を指します。例えば、日本の中学生の英語学習に対する動機づけを、質問紙を用いて調査したいと考えたとします。この場合、日本の中学生全員に対して質問紙調査を行うことは現実的ではありません。そこで、例えばA中学校、B中学校、C中学校で質問紙調査を行い、それらのデータを統計的に分析して、日本の中学生全体の傾向を推測しようとします。

　量的アプローチを用いて結果の一般化を図る場合、推測統計の手法を用いて分析が行われることが一般的です。前述のIzumi and Bigelow（2000）や水本（2011）では、テストや質問紙によって得られたデータを、推測統計の手法を用いて分析しています。そして、収集したデータから得られた結果が、研究対象とした集団全体にも適用可能かどうかを検証しています。

　量的アプローチでは、分析対象のデータが調査したい要因以外の影響を受けないように、研究対象者の年齢や性別、地域、指導の順序など、研究課題に関連し得る様々な要素について可能な限り厳密に統制しておくことや、統制の度合いについて明確にしておくことが必要です。得られたデータが調査したい変数以外の要因によって影響を受けていれば、いくら推測統計を用いて一般化を検討しても、信用に足る結果を得ることができるとは言えません。言い換えれば、得られた結果が研究対象の変数によって引き起こされたと客観的にわかるようにすることが重要なのです。

　また、量的アプローチでは、手元の標本から母集団について推測することを目的としますが、その際に、標本の抽出が偏ったものにならないように注意する必要があります。例えば、中学生の英語学習に対する動機づけについて調査したい場合、英語学習に対してやる気のある学習者のみを恣意的に選んでデータを収集したとします。中学生全員が英語学習に対してやる気があるとは限りませんから、このような集団を対象にいくらデータを収集、分析しても、「中学生」という母集団を適切に反映した結果が得られたとは言えないでしょう。このような標本の偏りは、研究者が意図していなくても生じてしまうことに注意しなければなりません。恣意的にやる気のある学習者ばかりを選んだわけではなくても、たまたま協力を得られたのがある私立中学の英語特進クラスの生徒だったとすれば、そのデー

タで中学生一般について語るには問題があると言わざるを得ません。そのため、推測統計を用いる際には、原則として、標本について無作為抽出（random sampling）を行うことが必要となります（量的アプローチの詳細については第6章を参照）。

　また、質的アプローチと量的アプローチの両方を組み合わせて、設定された研究課題に答える混合研究法（mixed methods）という方法もあります。混合研究法を用いることで、質的アプローチだけ、あるいは量的アプローチだけではわからないことに答えることができる可能性があります。しかし、質的研究と量的研究の両方の方法に精通することは難しい上に、データの分析や研究デザインの設定に専門的な知識が要求されるため、研究者の負担が大きいという課題もあります（中村, 2007）。

　以上、質的アプローチと量的アプローチの特徴をまとめると、図4.9のようになります。

図 4.9　質的アプローチと量的アプローチの特徴

5 さらに詳しく学ぶための参考文献

早川和生(編) (2012).『看護研究の進め方 論文の書き方』東京：医学書院.

▶研究とは何かについて、やさしい言葉と豊富な図解を用いて書かれています。看護研究とありますが、英語教育研究にも十分応用できる内容になっています。

末田清子・抱井尚子・田崎勝也・猿橋順子 (編) (2011).『コミュニケーション研究法』京都：ナカニシヤ出版.

▶研究とは何か、質的調査、量的調査について、本章よりもさらに踏み込んだ内容が書かれています。コミュニケーション研究法という題名ですが、英語教育研究にも応用が可能です。

第5章

質的研究の進め方

- ☐ 統計が苦手だから質的研究を選んでおけばいいの？
  - ▶ 1 どのようなときに質的研究を選択するのか
- ☐ 質的研究では身近にいる学生に協力してもらえばいいの？
- ☐ 質的研究では自分の好きなように調査をすればいいの？
  - ▶ 2 どのように研究参加者を選択するのか
  - ▶ 3 アプローチ、データ収集法、データ分析法の違いは何か
  - ▶ 4 どのようなアプローチがあるのか
- ☐ 質問紙には相手の気持ちを自由に書いてもらえばいいの？
- ☐ インタビューではその場で思いついたことを聞いておけばいいの？
  - ▶ 5 どのようなデータ収集法があるのか
- ☐ データを集めた後は何をすればいいの？
  - ▶ 6 どのようなデータ分析法があるのか
  - ▶ 7 どのように分析と解釈を行うのか
- ☐ 論文にはデータをそのまま載せておけばいいの？
- ☐ 論文にはデータについての印象や感想などを書いておけばいいの？
  - ▶ 8 どのように考察を行うのか
- ☐ 質的研究のやり方に決まった手順はあるの？
- ☐ 質的研究でも客観性が大事なの？
  - ▶ 9 質的研究を進める上での留意点

1 どのようなときに質的研究を選択するのか

　質的研究は量的研究に比べて研究法が多様です。それは、主に量的研究を行う研究者と質的研究を行う研究者とでは、前提とする研究への考え方が異なるからです。量的研究の背景には、現実世界は客観的で唯一のものとして把握することが可能であるという考えがあります。したがって量的研究では、データ収集、分析、解釈の手順と手続きはある程度定められています。一方、質的研究の背景には、現実世界の定義や理解の仕方は各人で異なっており、様々な解釈や視点が存在しうるという考えがあります。この考え方は解釈的な立場と呼ばれます。したがって、質的研究がもとにする理論的枠組みには様々なものがあり、データ収集、分析、解釈の視点や手続きも多様です。

　では、どのような場合に質的研究を選択すべきなのでしょうか。質的研究を選択する目的には、主に以下の5つがあります。質的研究の目的を具体的に理解するために、研究事例を挙げながら見ていくことにしましょう。

1.1　文脈を考慮しながら複雑な現象を深く捉える

　1つ目の目的は、量的研究のように条件や要素を統制することなく、自然な環境においてデータを収集し分析することで、できるだけ細部を切り落とすことなく、複雑な現象を捉えることです。次の研究事例1は、学習スタイルとストラテジーについての質的研究の例です。

＜研究事例1＞
　Ma and Oxford（2014）は、アメリカの大学院に在籍する動機づけの高い上級レベルの英語学習者1名（本研究の著者の一人でもある）を対象に、リスニングとスピーキングに関する学習スタイルとストラテジーがどのように発達していくかについて85日間の調査を行った。研究参加者は、大学院の2つの授業に出席しているときに、学習ストラテジーの使用と気持ちについてのメモをとり、授業後そのメモをもとに詳細な日誌を書いた。内向的で、内省的で、かつ視覚的な学習スタイルを好む学習者である研究参加者には、文化の異なるアメリカの教育環境において、講義を聞いて授業中のディスカッションに積極的に

参加することは容易なことではなかったが、自身の学習スタイルの理解やメタ認知的、情意的学習ストラテジーの活用などを通して、段々と積極的な学習者になっていくことができた。本研究では、学習者を取り巻く外的要因と学習者個人の内的要因（動機づけ、態度、気持ちなど）の両方が学習スタイルと学習ストラテジーに影響を与えており、その要因の影響の複雑さを描き出すことができた。

　この事例では、リスニングとスピーキングの学習スタイルとストラテジーがどのように発達するかを調査していますが、その際に学習者の外的要因や内的要因を切り離すことなく描写し、学習スタイルやストラテジーと学習者の外的・内的要因との複雑な関係性を捉えようとしています。このような現象へのアプローチは、研究対象以外の条件や要素をできるだけ統制しようとする量的研究とは大きく異なります。

1.2　文脈を考慮しながら研究参加者の変容を捉える

　2つ目の目的は、一定期間データを収集し、その期間にどのように研究参加者が変容していったのかを捉えることです。次の例は、英語学習への信念についての質的研究です。

＜研究事例2＞
　Peng（2011）は、中国人大学1年生1名を対象に、高校から大学にかけてどのように英語学習への信念が変容していったかについて7か月の調査を行った。研究参加者は、大学1年生の1学期当初、コミュニケーション活動中心の授業を履修し、英語をコミュニケーションの道具とみなしていた。2学期から教師中心の「医学英語」の授業を履修し始め、コミュニケーション活動は役立たないという思いが出てきた。2学期の終わりには、教師中心の授業が退屈になってきて、再びコミュニケーション活動が重要という信念に変化した。6回のインタビューと授業観察、22回の学習日誌を、上記のように大学で受けている授業の文脈とも関連づけながら分析することで、研究参加者の信念の変容を丁寧に捉えることができた。

　1つ目の目的で述べたように、質的データは、自然な環境でデータを収

集するため、個人を取り巻く文脈を切り落とすことなく、変容の過程を捉えることができます。

1.3　研究参加者の視点から経験の意味や認識を深く捉える

3つ目の目的は、既存の理論や研究者が前もって規定した枠に囚われることなく、研究参加者の視点からその経験の意味や認識を深く捉えることです。次のアカデミック・リーディングについての質的研究の事例を見てみましょう。

> ＜研究事例3＞
> Ohata and Fukao（2014）は、日本人大学1年生10名を対象に、アカデミック・リーディングとアカデミックな文章の読み手をどのように概念化し、どのような要素がアカデミックな文章の読み手としての自己概念に影響を与えているかについて調査を行った。インタビューを分析した結果、大学に入って初めてアカデミック・リーディングを体験した学生は、アカデミックな文章の読み手としての自身の概念を変化させていくことが明らかになった。また、高校から大学にかけてアカデミックな文章の読み手になる過程での変化に苦闘しながらも、自信を強め、肯定的な自己概念を形成していったこともわかった。

この事例のように、調査の際、インタビューなどの質的データを収集し分析することで、研究参加者自身の言葉に基づいて、経験の意味や認識を深く捉えることができます。

1.4　先行研究での対象外の現象を文脈の中で明らかにする

4つ目の目的は、先行研究では明らかにされていない現象を、文脈の中で明らかにすることです。次の電子辞書の使用に関する質的研究の事例を見てみましょう。

> ＜研究事例4＞
> Hauser（2014）は、大学生の電子辞書の使用状況とその効果を明らかにするため、2つの大学において日本人学生の英語によるグルー

プディスカッションの活動をビデオ録画し、電子辞書の具体的使用に焦点を当てながら会話分析を行った。電子辞書は高価であるため、所有者の権利を尊重する意識が見られること、机や身体の配置が電子辞書の共同使用に影響を与えること、電子辞書が学習者間の様々なコミュニケーションの手段として用いられる可能性があることなど、質問紙調査や実験結果に基づく先行研究では明らかにされなかったことが浮き彫りにされた。

量的研究では、理論や先行研究に基づき、研究の対象となる構成要素を明確にし、調べたい要素を絞った上で研究を行うため、先行研究で対象とされなかった構成要素を調べることはできません。しかし、質的研究の場合、研究を始める前に構成要素を規定しないため、先行研究では対象としなかった構成要素を捉えたり、構成要素が明確でない現象を把握したりすることができます。

1.5　量的・質的データを組み合わせ研究の信憑性を高める

5つ目の目的は、量的データと質的データを組み合わせることで、それぞれの利点を生かしながら、データと研究者の解釈の間に齟齬がないように研究の信憑性（credibility）を高めることです。この方法は混合研究法と呼ばれます。量的データと質的データを組み合わせて研究を行っている事例を、次に見てみましょう。

＜研究事例5＞
Sato（2013）は、クラスメイト同士の修正フィードバックに関する信念を明らかにするために、日本人大学生167名を対象に、授業中のスピーキング活動におけるクラスメイトとのやり取りを調査した。4クラスのうち、1クラスは教育的介入を行わない統制グループ、残りの3クラスは異なった教育的介入を行う実験グループとした。量的データ収集として、教育的介入の前後に、すべての研究参加者を対象に評定型質問紙調査を行った。調査結果からは、学習者の信念に対する一般的な傾向を捉えることができた。しかし、研究参加者が質問紙の問いを十分に理解していなかったり、質問紙自体が信念に影響を

> 与えている可能性があったりしたため、質的データ収集としてインタビューを実施した。教育的介入を行った3つの実験グループの中から36名を選びインタビュー調査を行った。その結果、データの解釈の信憑性を高めると同時に、調査項目が決められている質問紙調査では明らかすることができなかった新しい側面を見つけることができた。

このような混合研究法における質的データの扱いは、大きく分けて次の2つに分かれます。1つは、量的データが主たるデータで、質的データが補完的役割になる場合で、質的データの結果は量的データの結果の解釈を強化します。もう1つは、量的データと質的データが同じぐらいの重要度で扱われる場合で、量的データと質的データの結果を統合して結果の解釈をします。

2 どのように研究参加者を選択するのか

質的研究の方法が多様であるように、質的研究が対象とする研究参加者（研究協力者）をどのように選ぶか、あるいは、何名を対象とすべきかについても多様な考え方があり、研究参加者が1名の場合もあります。すべての質的研究に共通しているのは、研究目的に合わせて研究参加者の選択を行うことであり、これを合目的的抽出と呼びます（Punch, 2009）。

> **＜研究事例6＞**
> Kurihara（2013）の研究目的は、海外で教員研修プログラムを経験した日本人教員が、研修で学んだ知識やスキルを日本の現場でどのように自分のものとして使用しているかを明らかにすることであった。研究参加者として、中学校の日本人英語教員3名、米国の教員研修プログラム関係者4名、日本の学校管理職2名を選んだ。教員研修プログラムを経験した日本人教員だけではなく、その他の立場の研究参加者も対象にすることで、日本人教員の経験を教員以外の視点から分析することができた。

次の研究事例7のように、対象とする研究参加者を最初から定めずに、

質問紙などでデータ収集を行い、データ分析を行った後に、その分析結果に基づき新たなデータを収集するために、研究参加者を選択することもあります。

> **＜研究事例7＞**
> 　Cowie and Sakui（2012）は、日本の大学で教えている32名の英語教員を対象に、英語教員が学生の動機づけをどのように理解し、教員のアイデンティティが動機づけを促すストラテジーとどのように関係があるかを調査した。最初に32名を対象に自由記述型質問紙調査を行った。その後、質問紙調査では捉えることができなかった詳細な情報について調査するために、32名の研究参加者の中から、性別（男性と女性）、勤務形態（非常勤と常勤）、勤務大学（国立大学と私立大学）、母語（英語のネイティブスピーカーとノンネイティブスピーカー）の条件を考慮し、3名の研究参加者を選びインタビュー調査を行った。

　研究目的に照らし合わせて選択した研究参加者は、研究者がアクセスできる範囲内にいて、なおかつ参加の同意を得た者となります。研究者がアクセスできる範囲内の研究参加者を選択することを、便宜的抽出（convenient sampling）と呼ぶ場合があります。質的・量的研究ではともに、研究者がアクセスできる範囲内の研究参加者を選択することは許容されています。

3　アプローチ、データ収集法、データ分析法の違いは何か

　質的研究の方法について考える場合、アプローチ、データ収集法、データ分析法の3つのレベルを区別するとよいでしょう（p. 96, 図5.1を参照）。ここでいう「アプローチ」とは、質的研究を遂行する際の考え方を示します。具体的には、本章の第1節冒頭で述べたような、現実世界の捉え方を含んだ哲学的前提のことを意味し、データ収集法、データ分析法を含めた一連の研究法についてある程度の共通認識がなされている、事例研究、ナラティブ探究、エスノグラフィー、GTAなどを指します。「データ収集法」とは、観察、質問紙、インタビューなどを指し、「データ分析法」は、

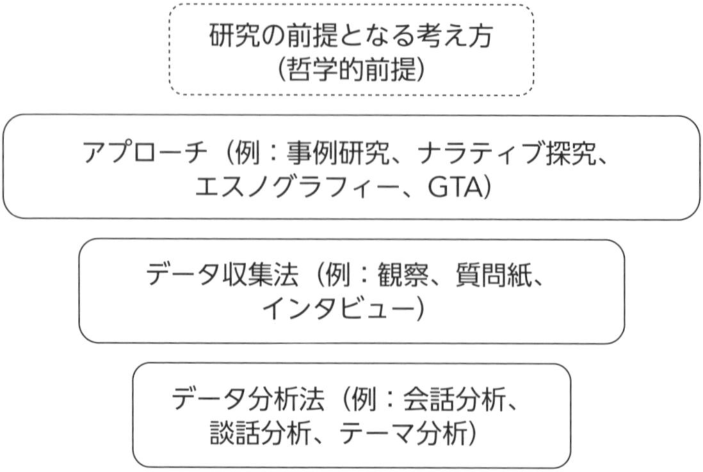

```
┌ ─ ─ ─ ─ ─ ─ ─ ─ ─ ─ ─ ─ ─ ─ ┐
   研究の前提となる考え方
      （哲学的前提）
└ ─ ─ ─ ─ ─ ─ ─ ─ ─ ─ ─ ─ ─ ─ ┘
```

アプローチ（例：事例研究、ナラティブ探究、エスノグラフィー、GTA）

データ収集法（例：観察、質問紙、インタビュー）

データ分析法（例：会話分析、談話分析、テーマ分析）

図 5.1　質的研究の方法における 3 つのレベル

会話分析、談話分析、テーマ分析（質的内容分析）などを指します。

　量的研究の補完として質的データを用いたり、量的データと質的データの両方を組み合わせる混合研究法によって研究を行ったりする場合は、データ収集法とデータ分析法のレベルに焦点を当てて研究を行っても問題はありません。一方、質的データのみを用いて研究を行う場合は、アプローチのレベルまで意識して研究を行うことが求められます。実際、質的データのみを用いている論文の多くでは、アプローチのレベルまで言及されています。

　海外学術誌 *TESOL Quarterly* の量的・質的研究のガイドライン（Chapelle & Duff, 2003）における量的研究のセクションでは、アプローチという考え方はないため、すべての量的研究に共通する方法、結果、考察のあり方についての説明がされています。一方、質的研究のセクションでは、事例研究、会話分析、エスノグラフィーの 3 つのアプローチに分けた上で、それぞれのアプローチの前提となる考え方が示され、その後に方法などが説明されています（なお、会話分析は、アプローチではなく、分析法に分類すべきであるという考えも多くあり、本章では会話分析は 6 節で扱います）。したがって、アプローチ、データ収集法、データ分析法の 3 つのレベルを区別しておくと、既存の研究の理解がしやすくなるでしょう。例えば、インタビューという同じ質的データ収集法を用いていても、研究の前提となる考え方の

違いにより、データの分析・解釈も異なることがわかり、当該研究の位置づけが明確になります。なお、Croker（2009）では、応用言語学における質的研究の基本的な考え方と全体像が簡潔にまとめられているので、さらに詳しく学びたい人は参照するとよいでしょう。

4 どのようなアプローチがあるのか

　ここでは、英語教育でよく用いられる5つのアプローチ、事例研究、ナラティブ探究（narrative inquiry）、エスノグラフィー（ethnography）、GTA, 質的記述的研究（qualitative descriptive research）を取り上げます。表5.1は、5つのアプローチについて、学問的背景と各アプローチの目的を示しています。

　英語教育の質的研究は、様々な学問分野で用いられてきた質的アプローチを取り入れながら発展してきており、質的アプローチの基本的概念を理解することは、特に海外学術誌の質的研究論文を読む際に役立ちます。また、各アプローチにおけるデータ分析の目的や位置づけを明確にすることができます。アプローチは必ずしもそれぞれで独立したものではなく、例えば事例研究とエスノグラフィーの2つのアプローチを組み合わせることもできます。では、各アプローチの特徴について見ていきましょう。

表5.1　5つの質的アプローチの比較

アプローチ	学問的背景	アプローチの目的
事例研究	心理学、法学、政治科学、医学	ある事例について深く理解する
ナラティブ探究	人類学、文学、歴史学、心理学、社会学を含む人文学	個人の経験の語りを探究する
エスノグラフィー	人類学、社会学	あるグループに共有された文化の傾向の記述と解釈をする
GTA	社会学	研究参加者の視点から理論を構築する
質的記述的研究	特になし	出来事について、研究参加者が経験した意味を丁寧に記述する

（Creswell, 2007, pp. 78-79 に基づく）

4.1　事例研究

　事例研究は、一個人、一集団などを深く理解することを目的とします。事例とは、図 5.2 で示すように、現実世界において一定の文脈に基づいて限定された研究対象を指し、事例研究では、その範囲内の文脈の中で見られる現象を明らかにすることが目指されます。メリアム（2004）は、事例を境界で囲まれた 1 つの物、1 つの実体・単位（ユニット）と捉え、研究対象は囲いこむことができると表現しています。英語教育における具体的事例とは、個人の学習者や教師、ある授業やプログラムの複数の学習者や教師、学校、大学、教室、プログラムなどを指します。言語政策研究では、国も事例になります。事例は、研究目的に照らし合わせて選択します。

　英語教育における事例研究は、心理学と言語学を源流とし、第二言語の統語論、音韻論などの領域で言語の発達について客観的な立場から研究が行われてきました。近年、教育学などの解釈的な立場が採り入れられ、学習者や教師のアイデンティティ、学習者の技能の発達、教師の専門的発達の経験などの問題に焦点が置かれるようになっています（Chapelle & Duff, 2003）。

　英語教育で事例研究が増えている理由として、答えようとしている研究課題が複雑であることに対する認識が高まっていることと、質的研究を選択する研究者が増えてきており、研究者の間で人気があることが指摘されています（Hood, 2009）。実際、主要な 10 種類の海外学術誌の 1997 年から 2006 年までの論文では、質的研究のアプローチとして事例研究が最も多く使われていました（Benson, Chik, Gao, Huang, & Wang, 2009）。事例

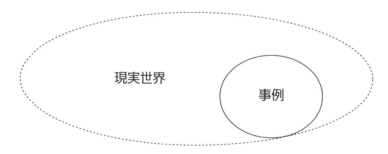

図 5.2　境界で囲まれた事例

研究は、本来量的研究でも行われるものですが、最近は、質的データのみを用いた解釈的な立場の質的研究と結びつけられることが多くなっています（Duff, 2008）。解釈的な立場の質的研究では、事例を詳細に深く理解するとともに、複数のデータを用いることで複雑な現象も捉えることができます。また、質的データと量的データの両方を用いた混合研究法による事例研究も多く行われています。

次に、TESOL Quarterly の質的研究のガイドライン（Chapelle & Duff, 2003）の「事例研究」に記載されている、研究の前提とされている考え方、データ収集法、分析と解釈について概要を述べます。前提とされている考え方は、データの解釈には複数の見方があり、研究者、事例（研究参加者）、その他の人々の視点を認識し、解釈的で帰納的な研究の形として経験の詳細や意味の記述を探究するということです。

豊かなデータを得るためには、詳細さと文脈を考慮することが必要なため、1つの事例または焦点化された複数の事例を分析することが想定されています。したがって、長期的な事例研究を行う場合、例えば、一人の研究参加者を合目的的抽出で選択し、インタビュー、観察など複数のデータ収集法を用いてデータを集めます。次の研究事例8を見てみましょう。

＜研究事例8＞
Farrell and Ives（2014）は、カナダの大学附属の語学学校の EAP プログラムで、第二言語としてリーディングを教える1名の男性教師を対象に事例研究を行った。研究課題は、教師がリーディング指導についてどのような信念を持っているか、その信念が授業でどのように反映されているか、信念と実践の関係は何か、授業の振り返りが研究参加者の実践と信念への探究をどのように促進するかの4点であった。データは4週間にわたって収集され、研究開始前のインタビュー、6時間の授業観察、15〜20分の授業観察前後のインタビュー、最終授業観察後の面接、研究参加者による授業の記録が行われた。

質的研究における事例研究のデータは、インタビューや観察など自然な環境で得られるものを用いることが一般的です。データ分析は、データ収集を行っている途中から始まることもあり、データにおけるテーマが明ら

表 5.2 事例研究の特徴

意義	○1 事例、焦点化された複数の事例を対象とし、個人、集団などを深く理解する
データ収集法	○自然な環境で得られるインタビューや観察
データ分析法	○テーマを見出す ○テーマ内の項目の種類を数量化したり、マトリックスや表を使ったりして集約する
留意点	○詳細さと文脈を考慮する

かになるまで分析を行います。音声や動画記録などのデータ（一次データ）収集後に、テキスト化されたデータ（二次データ）は、コーディングを通じて、重要な点や構造が明らかにされます。Farrell and Ives (2014) も、インタビュー・データの文字起こしをした後、コーディングをして、テーマを見出しました。教師の信念については、「言語指導」、「第二言語としてリーディングを教えること」、「言語学習」の3つのテーマに分けられ、それぞれの下位項目は5項目、6項目、2項目で、全部で13項目に集約されました。

　データ分析の際、テーマ内の項目の種類を数量化したり、マトリックスや表を使って集約したりすることもあります。データの解釈では、テーマや発見した事柄の意義を確立することが重要で、より広い視点の理論的、実践的課題に明示的に結びつけることが求められています。しかしながら、事例研究が多様な視点を許容する解釈主義の立場で行われることを考慮すると、得られた結果を一般化することは適切ではありません。英語教育における事例研究の研究法を知るには、Duff (2008) を参照するとよいでしょう。

4.2　ナラティブ探究

　ナラティブとは、人々の経験を反映した語りです。ナラティブには、語るという行為と語られた結果としての物語という2つの意味合いが含まれます（フリック, 2011）。ナラティブは、研究参加者自身が自分の言葉で経験を語っているため、経験を生き生きと描写することができ、どのように研究参加者自身が経験を捉えているのか、研究参加者の視点から理解を深めることができます。

英語教育では、ライフ・ヒストリー、日誌研究、学習者の自伝など様々な形態で用いられてきました。また、研究課題としては、動機づけ、アイデンティティ、学習ストラテジー、自律学習などのテーマなどが挙げられます（Murray, 2009）。データの種類は、大きく分けて、インタビューなどで得られる話し言葉のナラティブと、学習日誌などで得られる書き言葉のナラティブの 2 種類があります。

ここでは、書き言葉によるナラティブ探究の事例を見てみましょう。

＜研究事例 9 ＞

　Hiratsuka（2014）は、日本人の高校 2 年生 36 名を対象に、ティーム・ティーチングの授業の経験をどのように捉えているかを明らかにするために、書き言葉によるナラティブのデータ収集を 3 回行った。データ収集では、生徒自身の授業の映像を 5 分間見せた後、ナラティブ・フレームと呼ばれるテンプレートの用紙が生徒に配布され、例えば表 5.3 に示すように、一連の文章の一部が空白になっており（1 回目は 16 の空白、2, 3 回目は 13 の空白）、①②③④の部分に生徒の考えを記述する形式であった。3 回のデータ収集後、2 名の生徒と彼らの教師を対象にインタビューを行い、ナラティブ・フレームを用いた授業の振り返りの経験の意味についてさらに探究を行った。

表 5.3　ナラティブ・フレームの例（Hiratsuka, 2014, p. 178 に基づく）

I have just observed a video clip from the last-team teaching class. I　①
while watching the clip because I　②
The difference between previous classes and this video-taped class was　③
I (liked/disliked) this class because　④

　ナラティブ探究は、ナラティブを通して、私たちの経験の意味を理解することができるという前提に基づいています。ナラティブには語り手としての研究参加者（自身の経験と周りとの交流）、物語が起こった時、物語が位置する物理的環境または場所の 3 つの要素があり、それらが文脈を構成しており、その文脈が意味を理解する手がかりとなります（Barkhuizen, 2008）。Hiratsuka（2014）では、高校 2 年生という研究参加者、ティーム・ティー

表 5.4 ナラティブ探究の特徴

意義	○個人の経験を生き生きと描写し、研究参加者の経験の意味を研究参加者自身の視点から捉える
データ収集法	○インタビューなど話し言葉のナラティブと、学習日誌など書き言葉のナラティブ
データ分析法	○データの中にある要素から一貫性のある新しい記述を見出す（ナラティブ分析）
留意点	○語り手としての研究参加者、物語が起こった時、物語が位置する物理的環境または場所の3つの要素で文脈が構成されている ○ナラティブ分析に標準化された手順はない

チングの授業が行われた時、ティーム・ティーチングが行われた教室という環境が文脈を構成していると言えます。例えば、もし同じ研究参加者が高校1年生のときに、別の教師によって行われたティーム・ティーチングの授業を振り返ったとしたら、文脈が異なり、経験の意味も異なります。

ナラティブ探究における分析は、ナラティブ分析と呼ばれます。ナラティブ分析において標準化された手順は存在せず、Polkinghorne（1995）は、研究者がデータの中にある要素から一貫性のある新しい記述を見出していく必要があると述べています。ナラティブ分析の方法は多様ですが、Barkhuizen, Benson, and Chik（2014）で紹介されているテーマ分析（質的内容分析）を取り上げます。ナラティブのテーマ分析では、何について語っているか、あるいはどのように語っているかの観点からコードづけをしてテーマを見出していきます。Hiratsuka（2014）では、36名のうち2名の生徒に対するインタビューのテーマ分析を行った結果、「生徒が自分自身の学習に責任を持つようになったこと」、「英語学習にもっと真剣になったこと」の2つのテーマが浮かび上がってきました。

英語教育において、様々な側面からのナラティブの研究を取り扱った文献は Barkhuizen（2013）です。ナラティブ探究の包括的な研究法を知るには、Barkhuizen, Benson, and Chik（2014）を参照するとよいでしょう。

4.3　エスノグラフィー

エスノグラフィーの目的は、ある状況を共有する特定の集団の人々の文化を理解することです。ここでいう文化とは、特定集団の人々の行動パター

ンや習慣、生活の仕方と、集団の考え方や信念、認知を指しています。英語学習者の場合は、教室内における学習のパターンや学習に関する信念なども文化として捉えられます。文化的な前提や信念は、その集団に深く組み込まれているため、自明のものではありません。文化の集団の一員ではない研究者、すなわち外部者の視点（etic）と、集団に属する研究参加者、すなわち内部者の視点（emic）を比較、対比することで、特徴を見出していきます（Richards & Morse, 2008）（図 5.3 を参照）。

　エスノグラフィーの源流は文化人類学ですが、社会学領域では解釈主義的な考え方を背景に、文化は人々の状況との相互作用により構築されるもので、集団を取り巻く社会的環境、時間的経過に伴い変わりゆくものと捉えられています（麻原, 2007）。

　エスノグラフィーは、様々な学問分野で行われており、多様な哲学的前提に基づいた理論的枠組みが存在します。英語教育では、それらの多様な枠組みによる研究が存在しているため、*TESOL Quarterly* の質的研究のガイドライン（Chapelle & Duff, 2003）の「エスノグラフィー」では、文化人類学、社会学、社会言語学などのうち、どの学問分野の枠組みで研究を行ったか明記することが求められています。また、データ収集と分析に影響を与える研究者の持つ背景、主観、前提について、常に自覚することの必要性が述べられています。

　英語教育でのエスノグラフィーにおけるデータ収集では、研究参加者の文化的な前提や信念、価値観、特性、パターンが描写できるように、ある程度の期間、観察（フィールド・ノーツ、ビデオ、写真など記録されたもの）や

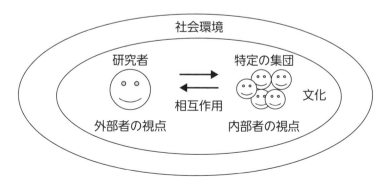

図 5.3　エスノグラフィーにおける研究者と文化の関係

インタビューなどを行います。また、学習者の振り返りの記録、授業で使われたハンドアウトなど様々なデータ収集法が用いられ、異なる方法で収集したデータを複数組み合わせることが一般的です。データ分析法は研究者の数だけあると言われるほど多様なため、定められた方法はありませんが、データからテーマ分析によりテーマを見出したり、談話分析により発話の特徴を見出したりします。

> **＜研究事例10＞**
>
> Ishihara（2009）は、研究者自身が教える3クラスの日本人大学1年生58名を対象に、エスノグラフィーによる事例研究（ethnographic case study）を行った。教室内での語用論への認識を高め、英語のオーラル・コミュニケーションで適切な依頼表現ができるように、英語の語用論に焦点を当てた指導を1学期間行った。その際、学生の語用論に関する知識と技能を評価するため、振り返りの記録、教師による評価、自己・相互評価などを授業に取り入れ、それらの評価がどのように学生の語用論への認識と技能の向上に効果的であったか、またどのように語用論的能力が発達していったかを明らかにした。データには、授業で使った様々な評価表、研究者自身の授業観察、学生への質問紙など複数のデータが組み合わされた。データ分析では、まず技能が顕著に発達しているデータと、そうではないデータに着目し、各学生の発達の特徴を明らかにするため、個別の学習者のデータを比較しながら、似た発達のパターンを見出していった。そうすることで、教室内の集団における研究参加者の学習発達のパターンを学習者の視点から捉えることができた。

なお、英語教育におけるエスノグラフィーに関する文献は、Chapelle and Duff（2003）のエスノグラフィーの項目にある参考文献を参照するとよいでしょう。

表 5.5　エスノグラフィーの特徴

意義	○ある状況を共有する特定の集団の人々の文化を理解する
データ収集法	○観察（フィールド・ノーツ、ビデオ、写真など記録されたもの）やインタビュー
データ分析法	○テーマを見出す ○談話分析により発話の特徴を見出す
留意点	○どの学問分野の枠組みに依拠しているか明確にする ○多様な分析法がある

4.4　GTA

　GTA（グラウンデッド・セオリー・アプローチ）は、グレーザーとストラウス（Glaser & Strauss, 1967）によって提唱されました。データ収集法、分析法がある程度手順化されており、多くの本が出版されているため、認知度が高いアプローチです。GTA は、現実は人々の間の交渉であり、絶えず発展しているという立場をとります。したがって、研究参加者のプロセスや状況について調べるときに適した方法です（Richards & Morse, 2007）。GTA の主たる目的は、データに基づいた理論を生み出すことであるため、理論が飽和するまで、つまり新しい概念が見出せなくまるまで、データ収集と分析を継続的かつ循環的に行うことが基本となります。したがって、多くの研究参加者が必要となります。データ収集法は、インタビューが主ですが、観察など別のデータを用いることもできます。

　英語教育では、アプローチのレベルまで考慮して GTA を用いている研究はあまりありません。ただし、データ分析の手順がある程度確立されているので、分析レベルで、質的データの分析法として応用する例は見られます。その場合は、理論が飽和するまで、データ収集、分析のサイクルを繰り返していく手順ではなく、すでに収集したデータの範囲内で分析を行うことが一般的です。

<研究事例 11 >

　Watzke（2007）は、外国語としてフランス語、ドイツ語、スペイン語を教える9名の初任教師を対象に GTA による研究を行った。研究の目的は、教師が教授内容知識、指導、生徒の学びについて振り返ったときに、どのような教授内容知識が表出され、変化していくか明らかにすることであった。その際、振り返り日誌、授業観察、フォーカス・グループ（グループ・インタビュー）によりデータを収集した。

　GTA を用いたのは、仮説を検証するのではなく、外国語教師の発達に関する理論的枠組みを提示するためであった。本研究は2年間にわたり行われ、データ収集と分析のサイクルが4回繰り返された。データ分析の最初の手順は、オープンコーディングで、振り返り日誌のデータを1行ごとに詳細に見ていき、コードを付けた。次に、コードをいくつかまとめてグループ化し、仮のカテゴリーを作成した。3番目の手順として、仮のカテゴリー間の関係を比較検討し、より大きなカテゴリーを作成した。最終手順として、研究課題を説明するために中心となり、なおかつ3種類のデータをつなぐコアカテゴリーを選択した。授業観察のフィールド・ノーツとインタビュー・データも同様な手順で分析され、結果は統合された。データ分析の結果明らかになったコアカテゴリーは、図 5.4 に示した通りである。

```
         指導の決定を形成する前知識
    学習者としての経験　　→教師としての経験

        教室における教師管理に対する態度
 管理を促進する技術と指導内容　　→管理を手放す技術と指導内容

           日々の授業の指導目標
   言語についての知識　　→タスク・パフォーマンスとコミュニケーション

        生徒の情意に対応することへの配慮
   一般的な指導的、学業的配慮　　→言語学習の結果への配慮
```

図 5.4　2年間の初任外国語教師の教授内容知識の変化を示す4つのコアカテゴリー

表 5.6 GTA の特徴

意義	○研究参加者のプロセスや状況を理解する
データ収集法	○インタビューや観察
データ分析法	○新しい概念が見出せなくまるまで、データ収集と分析を継続的かつ循環的に行う
留意点	○英語教育では分析法として用いられることが多い ○哲学的前提の異なる 6 種類の版がある

　GTA は、基本的に 6 種類の版があり（木下, 2014）、その違いは哲学的前提に関わっているので、データ分析手順だけに着目し、単なるデータ分析法として用いることは望ましくないと考えられています。また、GTA の歴史的な変遷への理解がなく、分析の技法だけにとらわれた場合、GTA と質的分析法との区別が不明確となり、分析も不安定なものになると木下は指摘しており、初学者が GTA を用いる際はこの点を踏まえておく必要があります。なお、英語教育における GTA の具体的な応用例については、住（2014）を参照するとよいでしょう。

4.5　質的記述的研究

　質的記述的研究の目的は、出来事を日常の言葉で記述して、その出来事について、研究参加者が捉えた意味を正確に説明することです（Sandelowski, 2000）。質的記述的研究は、エスノグラフィーや GTA などの他のアプローチと比較すると、最も基礎的ですが、質的研究が多く行われている看護学研究では、比較的よく用いられている方法です（グレッグ, 2007）。しかしながら、他の質的アプローチと並べて論じられることがほとんどありません。特定の哲学的前提はありませんが、Sandelowski は、自然主義的探究の一般的教えに基づいていると述べています。つまり、研究者の介入や要因の統制などは行わず、現象の率直な記述が求められる場合に適した方法であり、すべての質的研究アプローチの基礎となります。質的記述的研究の特徴は、(a)他の質的アプローチによる解釈的記述と比べ、データから離れすぎたり、入り込んだりすることは求められないこと、(b)データの概念的解釈や高度に抽象的な解釈を必要としないこと、の 2 点です。データ収集法は、質問紙、インタビュー、観察などで、データ分析法は、テーマ分析（質的内容分析）を用います。

英語教育において、アプローチについては特に言及せずに、質的データ分析と収集を行っている研究はよく見られます。その場合、論文中に「質的記述的研究」という用語は書かれていませんが、質的データの結果と解釈を記述的に記した研究であれば、質的記述的研究と呼べるでしょう。

＜研究事例12＞
Abednia, Hovassapian, Teimournezhad, and Ghanbari（2013）は、6名のイラン人英語教員を対象に、英語教授法の授業において振り返り日誌を書く意義とその課題について、フォーカス・グループ（グループ・インタビュー）によるデータ収集を用いて調査した。テーマ分析の結果、振り返りを書くことが自己認識、英語教育に関する問題の理解、推論スキル、授業の担当教員との対話の4点で役立ったことがわかった。一方、課題として、質の高い振り返りを書くために、授業のリーディング課題を深く読むこととディスカッションへの十分な参加の必要性、また伝達が重視されている大学の授業スタイルと振り返り日誌の課題のギャップの2点が明らかになった。この論文では、それぞれの利点と課題について、テーマごとに整理され、教員の実際の発言の例を示しながら記述された。

GTAに詳しいグレッグ（2007）は、研究法として、理論的構成要素の例を探し、理論を精緻化したり検証するための理論的サンプリングを行わず、理論的飽和が起こっていないのに、論文に「グラウンデッド・セオリー」という用語を用いたり、「グラウンデッド・セオリーの分析を参考にした」と書いたりするぐらいなら、GTAというビッグネームに頼るのではなく

表5.7　質的記述的研究の特徴

意義	○出来事を日常の言葉で記述して、その出来事について、研究参加者が捉えた意味を正確に説明する
データ収集法	○質問紙、インタビュー、観察
データ分析法	○テーマ分析（質的内容分析）
留意点	○データから離れすぎたり、入り込んだりしない ○データの概念的解釈や高度に抽象的な解釈を必要としない ○具体的な研究のプロセスを書く

質的記述的研究とし、具体的な研究のプロセスを書くべきだと主張しています(p. 54)。質的データで得られたことを丁寧に要約して記述することは、十分に価値があります。

5 どのようなデータ収集法があるのか

第4章では、データ収集のタイプとして、観察による収集、聞き取りによる収集、テストによる収集の3つを紹介しました。このうち質的研究で使用されるのは、観察による収集と聞き取りによる収集です。観察による収集には、音声や動画記録とフィールド・ノーツがあります。聞き取りによる収集には、質問紙とインタビューがあります。それぞれの具体的な方法について詳しく見ていきましょう。なお、音声と映像記録については省略します。

5.1　観察におけるフィールド・ノーツ

観察によるデータ収集を行う場合、音声や動画記録とフィールド・ノーツを併用することが一般的です。音声や動画記録だけの場合、観察の際に生じた観察者の解釈や意見、考えたことが薄れることがあったり、フィールド・ノーツだけの場合、細部を落としてしまう懸念があったりするためです。音声や動画記録があると、フィールド・ノーツで特に気になった箇所を取り出し、データ起こしをすることで、焦点化された分析を行うことが可能です。

フィールド・ノーツを記録するときに留意する点は、観察した事実と観察者の視点（解釈、意見、考えたことなど）を区別して記述することです。

表5.8　フィールド・ノーツに記録する項目

項目	内容
データ収集する日時と場所	観察対象となる場所や建物、机や椅子の配置等についての様子
観察対象者	観察対象者の性別、役割、服装、態度等の情報
観察者自身の行動	観察者の場所と役割
活動や出来事	観察対象の場で行われている活動や出来事
会話	観察対象とする人々の間で交わされる会話

日時：2015 年 11 月 1 日
場所：○○中学校 3 年 2 組

時間	観察（事実）	観察者の視点（解釈、意見）
10：53	前時の単語の復習をする。	
	T がフラッシュカードで単語を示し、Ss が発音する。単語を発音していない Ss が複数いる。	発音していない Ss は、単語の発音を覚えておらず、自信がないのかもしれない。

図 5.5　フィールド・ノーツの例

そのために、あらかじめ、観察した事実と観察者の視点を書く欄を分けて、フィールド・ノーツのフォーマットを作成しておくとよいでしょう。観察を始めたら、まず、机や生徒の位置などの空間的な情報は簡単な図で記録します。観察の際、最初から細かなデータを記述し始めるのではなく、背景や一般的な事柄を記録し、その後に細部へと書き進めていきます。具体的な記録の項目（表 5.8 を参照）として、データ収集する日時と場所、観察対象者、観察者自身の行動、活動や出来事、会話などが考えられます。

観察したことは起こった順序通りに記録します。時間をフィールド・ノーツの先頭に表示しておくと、時間順序だけでなく、授業中の活動や発話の持続時間や間隔を記録する際にも役立ちます（図 5.5 を参照）。記録で繰り返し使われる用語については、T= 教師、Ss= 生徒たちなど、統一した記号をあらかじめ作成しておくとよいでしょう。

5.2　質問紙

質的研究では、質問紙において自由記述型の設問を重視することが少なくありません。その場合、研究目的に応じて、独自の質問紙を作成することが多いですが、質問紙の形式や質問項目に注意を払うことで、より豊かなデータを得ることができます。ここでは、自由記述型の質問紙の作成と実施手順について説明します。

(1) 調べたいテーマに関する先行研究を探す

質問紙を作成する前に、調べたいテーマについての先行研究を探し出し、その中で使われている質問紙の質問項目を調べます。数値を選択する評定型の質問紙であっても、評定型の質問紙では明らかにできない項目を考え

るための参考になります。

(2) 質問項目を考え、質問紙を作成する

　質問紙は、最初に調査対象の基本属性（性別、英語学習年数など）を尋ね、その後に研究課題に関する質問内容が続きます。質問項目はできるだけ絞ります。質問項目が多いと回答者にとって負担になり、回答の記述量が少なくなったり、回答の質が低下したりする恐れがあるからです。また、回答者が答えやすいように、項目の配列に注意を払います。答えやすい項目から始め、同じような種類の項目はまとめて配置します。事実関係の項目は最初に配置し、意識や気持ちを尋ねる項目は後に配置するとよいでしょう。さらに、質問は簡潔にし、言葉の選択や表現に配慮します。例えば、「公立小学校で英語が必修化されることに賛成ですか」という質問の場合、「賛成です」という回答で終わってしまう可能性があります。この問いは、はい、いいえで回答でき、開かれた質問ではないので、自由記述型で尋ねる意味がありません。したがって、「公立小学校で英語が必修化されることについてどのような意見をお持ちですか」のような尋ね方をします。また、「高校の英語の授業で、動機づけが高まった状況とその理由を教えてください」という質問の場合、1文で2つの事柄を尋ねているので、「動機づけが高まった状況」と「その理由」を2つの文に分けて尋ねるべきです。

(3) 知り合いに質問紙を見てもらい、形式や質問項目の修正を行う

　質問紙を作成したら、知り合いに質問紙を見てもらったり、実際に回答してもらったりします。その際に、形式でわかりにくいところ、書きにくいところがなかったか、質問項目の意図が明確であったかを確認し、必要に応じて、形式と質問項目の修正を行います。評定型の質問紙では、予備調査を行うことが一般的ですが、自由記述型の質問紙では必ずしも行う必要はありません。しかしながら、回答の分量や設問の語彙に関する適切性については、事前に十分考慮することが求められるでしょう。

(4) 質問紙調査を実施する

　質問紙調査を実施するに当たり、研究参加者に調査の目的を説明します。

研究参加者に対する倫理的配慮に注意し、質問紙には任意で回答してもらいます（倫理的配慮については9節を参照）。

5.3　インタビュー

インタビューでは、研究参加者と直接対面するため、研究参加者と信頼関係を築き、話しやすい雰囲気を作ることが大切です。質的研究では、第4章で紹介された3種類のインタビューのうち、ある程度事前に質問項目を設定し、話の流れに応じて柔軟に質問順序を変えたり、追加の質問をしたりするような半構造化インタビューが最も多く使われます。事前に質問項目を設定せずに自由に質問をしていく非構造化インタビューは、豊かなデータが得られる可能性がありますが、面接者の技量が必要なので、インタビューにあまり慣れていない場合は難しいでしょう。インタビューはインタビュー中にメモをとる、インタビュー後に思い出して書くという方法もありますが、聞き手としてインタビューに集中し、細部を大切にするために、録音を併用したほうがよいでしょう。ここでは、半構造化インタビューの具体的手順を示します。

(1) インタビュー・ガイドを作成する

インタビュー・ガイドとは、インタビューで聞く質問のリストで、インタビューの前にあらかじめ用意しておきます。質問は、研究参加者が答えやすい内容を最初に置き、回答しにくい内容は後に置きます。より詳しい内容を聞くための追加の質問をあらかじめ記載しておいてもよいでしょう。可能であれば、インタビュー・ガイドを使って、知り合いに協力してもらって前もって練習をしておき、必要があれば修正しておくとよいでしょう。

(2) インタビューの趣旨の説明をする

インタビューを開始する前に、研究参加者にインタビューの趣旨を説明します。また、倫理的配慮として、研究承諾書を書いてもらう場合もあります（研究承諾書の例は9.3の図5.11（p.134）を参照）。

(3) インタビューを実施する

インタビュー中は、研究参加者に関心を向けていることを示すために、

アイコンタクトを十分に行い、にこやかな表情で、うなずきなから聞くとよいでしょう。内容を確認しながら聞くために、関心を引く言葉や十分聞き取れなかった言葉などをほぼそのまま繰り返したり（例：「そうやって児童に気づかせるのです」「児童に気づかせるのですね」）、重要と思われる語句を自分の言葉に言い換えたりします（例：「あの言葉は受容できませんでした」「受け入れることが難しかったのですね」）。また、話の区切りにおいてその内容を簡潔に要約します（「ここまでのところを整理すると、〜ということでしょうか」）。内容の確認に加え、相手の感情にも注意しながら聞くことが大事です。そのために、感情に関する発言を反復したり、言い換えたり、要約したりもします。上記の方法は、内容を確認するだけでなく、研究参加者自身の発話をさらに促す場合もあります。

基本的にはインタビュー・ガイドに沿ってインタビューを進行しますが、できるだけ豊かなデータを得るために、ときにはインタビュー・ガイド通りに質問するのではなく、話し手との自然な会話を行えるよう柔軟に順番を変えたり、インタビューの流れに応じて使う言葉を変えたりします。また、相手の話をさらに促したり、より詳しい内容を聞いたりするために、インタビューを進める中で、探査的な質問をします（表5.9を参照）。

(4) インタビューの逐語録（transcript）を作成する

インタビュー終了後は、インタビューで得た感じが残っているうちに、

表5.9 探査的な質問例

種類	特徴	具体例
続きを促す	話を続けるように促す	それからどうなりましたか
詳述を促す	さらに詳細な説明や具体例を求める	その点をもう少し詳しく説明していただけませんか
明確化する	内容の確認や補足を求める	「生徒への足場掛け」と言われましたが、「生徒への足場掛け」についてもう少し教えてください
深める	理由・原因、意見や気持ちを尋ねる	なぜ生徒がグループ活動に積極的に取り組むようになったと思われますか
関連づける	他の発言、他の立場、過去の経験と比べる	先ほど○○○とおっしゃいましたが、今おっしゃったことと関連がありますか

できるだけ早く文字起こしをして音声データをテキスト化し、逐語録を作成します。また、インタビューで気づいたことについてもメモをとっておくとよいでしょう。

6 どのようなデータ分析法があるのか

ここでは、英語教育で用いられている代表的な3つの分析法である、会話分析（conversation analysis）、談話分析（discourse analysis）、テーマ分析（thematic analysis, 質的内容分析）について見ていきます。

6.1 会話分析

会話分析の目的は、参加者の「会話の技術」を分析することで、社会における相互作用の言語的特徴を明らかにすることです（ブルア・ウッド, 2009；小谷, 2011）。会話分析には長い歴史があります。社会学と現象学の専門家の志向から始まったエスノメソドロジーに起源を持ち（ホロウェイ・ウィーラー, 2006）、データ収集と分析が密接に関係しているので、本来は単なる独立した分析法に位置づけることは適切ではありません（なお、エスノメソドロジーの理論的関心、前提、歴史的発展の詳細については、鈴木, 2007や前田・水川・岡田, 2007を参照）。実際、TESOL Quarterly の質的研究のガイドライン（Chapelle & Duff, 2003）では、会話分析の論文を投稿する場合、Sacks, Schegloff, and Jefferson（1977）を起源とするエスノメソドロジーの哲学的前提を十分に理解することが求められています。

会話分析は、自然に起きているデータに着目するため、インタビューやフォーカス・グループ（グループ・インタビュー）など研究参加者と研究者が共同で生成するデータではなく、観察・記録したものを使います（ブルア・ウッド, 2009）。例えば、教室内の観察の一環として、生徒のグループ活動を録音して得た会話記録などがデータとなります。分析する会話の区切りは比較的短く、分析は詳細です。

では、会話分析を行っている事例を見てみましょう。

> <研究事例 13>
> 　Aline and Hosoda（2006）は、日本の公立小学校 5 校の 6 教室において、学級担任、外国人指導助手、および児童の間に見られる英語活動内のやり取りを観察し、学級担任の授業参加パターンがやり取りにどのような影響を与えているかについて明らかにした。この研究では、授業中のやり取りを会話分析することで、学級担任の参加のパターンには、傍観者、通訳、生徒、教師の 4 つがあることがわかり、それぞれの異なった影響があることが明らかになった。

　詳細な分析を行うため、会話分析を実施する際は、ビデオによる録画が推奨されています。会話分析では、会話連鎖の中で話者同士がどのように理解しているかの特徴を明らかにしているため、発話内容だけではなく、間の取り方や長さ、発話の重なり、言い淀みやあいづちなども表記します（小谷, 2011）。書き起こし記号のルールは厳格で、上記のガイドラインでは、Gail Jefferson の記号を使うこと（Atkinson & Heritage, 1984）が指定されています。会話分析では、録音を繰り返し聞き、データを書き起こすところから、研究のプロセスが始まっているとみなされ、データ分析では特に興味を刺激された箇所を会話連鎖として数行選び出し、1 行ずつ詳細に見ていきます（小谷, 2011）。その際、どのように発話のタイミングや順番取りが行われているか、どのようなタイプの会話の連続が見られるか、どのような語彙選択をしているかなどが着目されます（マクレオッド, 2007）。

　Aline and Hosoda（2006）では、会話分析の結果について、学級担任の 4 つの授業参加パターンを 7 つの実例を挙げながら説明しています。以下は、そのうち通訳として授業に参加している事例を示したものです。

<会話分析のデータ例>
Extract (4)［*Fukushima:7*］
01 ALT: did you write fi:ve?（.）okay?
02 Ss: okay.
03 JT: *gonin kakemashita ka?*　"Did you write five people?"
04（2.0）

本研究の会話分析で用いられている記号の意味の一覧は、論文の巻末の資料に掲載されていますが、上記の事例にある記号は以下の意味で使われています。

: 　　音声や音節を伸ばしながら発話していること
(.) 　短いポーズ
" " 　日本語の発話の意訳
(0.0)（秒単位で）計測されたポーズ

　会話分析では、データ分析後、データ・セッションと呼ばれる会議（conference）を複数の研究者で開き、解釈の妥当性を高めることもよく行われています。

6.2　談話分析

　談話とは、会話と文書のテキストの両方を指します。談話分析は、事例研究やエスノグラフィーでよく用いられます。英語教育では、話し言葉によるやりとり、書き言葉のテキストにおいて、どのように人々が意味を作り上げていくかを分析していきます。例えば、英作文の授業で生徒同士がエッセイの相互評価を口頭で述べている際、どのようにお互いに意味を伝えあっているか、あるいは、海外の高校生と英文 e-mail を交換する際、生徒の英文の書き出しと終わり方はどのような特徴を持っているか、といったことが具体的な研究課題となります（Heigham & Croker, 2009）。

　談話分析は、自然場面での発話や書き言葉のテキストを用いるという点で、会話分析と類似点がありますが、会話分析が話し手の発話する文脈を考慮しないのに対し、談話分析では教室の文脈や個人を取り巻く社会文化的文脈でその談話がどう位置づけられるかということが考慮される点で異なります。また、分析の単位は会話分析より大きく、厳密な書き起こし記号は付与しない場合があります（ブルア・ウッド, 2009）。なお、会話分析を広い意味で談話分析に含める研究者もいます。Heigham and Croker (2009)は、談話分析をデータ収集法（および分析法）に位置づけていますが、上記で述べた点を考えると、会話分析と同様に、単なる独立した分析法として位置づけることは適切ではないと言えます。

次の談話分析によるデータを用いた研究事例を見てみましょう。

> **＜研究事例 14＞**
>
> 　Kayi-Aydar（2013）は、アメリカ大学附属の ESL プログラムにおいて、上級レベルのオーラル・コミュニケーション（リスニングとスピーキング）クラスの 9 名の学生を対象に、教室内のやり取りでの足場掛けがどのように機能しているかを調査した。主たるデータは、15 週間にわたる毎週 5 時間の授業観察で、インタビュー、学生の日誌、フィールド・ノーツも補助データとして用いられた。以下は、3 名でグループ活動をしている例である。
>
> 談話分析のデータ例
> Excerpt 2
> (A = Adriana; H = Hassan; C = Chang)
> 01 A: Twenty-one Hassan.
> 02 H: Yeah, opinion uhm had divided. Opinion uhm oops.
> 03 C: I think it's a be verb.
> 04 H: Opinion is a noun and divided is a verb. Yeah? So? Opinion.
> 05 C: Are.
> 06 A: No.
> 07 H: Come on, we can help each other. What's the matter?
> 08 C: I just tried to guess.
> 09 H: Opinion. Just give me the first character. ((Maintaining eye contact with
> 10 Adriana.))
> 11 A: Was divided.
> 12 H: O::h, opinion was divided!

　この研究の中では、足場掛けがうまくいかなかった事例として上記のやりとりを引用し、その時の状況と足場掛けがうまくいかなかった理由を説明しています。この時、教師はグループのリーダー役として Adriana を指名しました。Adriana の役割は、グループで順序交代がうまく行われるように進行することと、グループメンバーの足場掛けが必要な場合に支援することでした。教師はすでに質問に対する回答を Adriana に渡して

おり、彼女はグループメンバーの回答を導いたり、間違いを訂正したりできるはずでした。足場掛けがうまくいかなかった理由として、先行文献で挙げられている指標に基づき、HassanとChangが学習に貢献する平等な機会を与えられなかったこと、AdrianaがHassanの共同者ではなく、評価者としてふるまったこと、Adrianaの案内の不足にHassanが不満を感じたことの3つが挙げられています。

このように、談話分析では、教室内およびグループ活動内などの文脈を考慮し、談話を分析していきます。英語教育では、批判的談話分析も行われています。批判的談話分析では、談話が権力とイデオロギーとの関係によってどのように社会的に構築され、同時に、社会的アイデンティティ、社会的関係、知識・信念体系を構築するためにどのように用いられているか、という視点で分析します（Cots, 2006）。

6.3　テーマ分析（質的内容分析）

テーマ分析は質的内容分析（qualitative content analysis）とも呼ばれ、その目的はテキストの中から意味（テーマ）を見出すことです。テーマとは現象の記述の中で重要なものとして浮かび上がってくるもので、データの中にパターンを見出していきます（Fereday & Muir-Cochrane, 2006）。研究者によっては、テーマと同じ意味で、パターンやカテゴリーという用語を用いる場合もあります。ここでは、1節で紹介した研究事例3におけるインタビュー・データのテーマ分析の例を見てみましょう。この研究では以下の4つの手順に従って、分析が行われました。

(1) ステップ1：データを読み込み、気づいたこと、印象、問いをメモする

インタビュー・データを書き起こした後、データを読み込みながら、気づいたこと、印象、問いなどをメモしました。そうすることで、さらに分析をする際の枠組みを少しずつ固めていきました。同時に、研究課題から作成したコード（例：SEV: アカデミックな文章の読み手としての自己概念、EV/CON：研究参加者の視点を描写する出来事、文脈）を使って、データにメモをしました。

(2) ステップ2：作成したメモを要約して、暫定的なカテゴリーを生成する

次に、ステップ1で作成したメモを要約し、研究参加者ごとに、いくつかの暫定的なカテゴリーを生成しました。その後、全体のデータを見て、浮かび上がってきたカテゴリーの見直しと修正を行いました。

(3) ステップ3：カテゴリーに対応する箇所をデータから探す

ステップ2で浮かび上がってきたカテゴリーを用いて、それぞれのカテゴリーに対応する箇所をデータの中から探し出しました。インタビュー・データとカテゴリーを関連づける一方、研究参加者の視点を表しているエピソードをデータから選択し英訳しました。この段階で、選択したエピソードを研究参加者に見せ、研究参加者の視点が反映されているか尋ねました。

(4) ステップ4：カテゴリー間の関係を検討し、より大きなテーマを見出す

明らかになったすべてのカテゴリーを研究参加者ごとに比較した後、すべての研究参加者をつなぎ、研究課題の説明となるようなより大きなテーマを生成しました。分析の結果、2つの研究課題に対して、「理解を超えること」、「学習者の発達中の概念に対する文脈の影響」など5つのテーマが明らかになりました。

分析の際は、思考過程を記録し、研究者個人内の分析の一貫性を保つために、コードブック（コード、コードの定義、事例を記したもの）を作成することもあります。テーマ分析の詳細な手順は、Guest, MacQueen, and Namey（2012）を参照するとよいでしょう。

テーマ分析は、アプローチと切り離せること、研究参加者が複数の場合、比較がしやすいこと、記述的な分析が行えることなどの理由から広く用いられています。観察の音声記録、インタビュー、質問紙などあらゆるデータに用いることができます。

7 どのように分析と解釈を行うのか

4節と6節で概観したように、質的アプローチとデータ分析法には多様なものがあり、1つのアプローチや分析法を習得するのに時間がかかるた

め、すべての方法に精通することは難しいでしょう。したがって、1つの質的アプローチによる質的研究の専門家として研究を積み重ねる場合もあります。分析のあり方は十人十色なので、研究目的に合わせて、分析法を選択し、研究実践を通して、自分なりに納得できる分析をすればよいでしょう。本節では、質的研究における分析と解釈に共通する考え方と、分析でよく使われるコーディングとカテゴリー化について解説します。

7.1　質的データの分析と解釈のプロセスは重なりあう

サンデロウスキー（2013）は、質的研究のデータの収集、準備、分析、解釈のプロセスにおいて、データ収集の第1段階が終了した時点から分析が始まっていると述べています。例えば、インタビュー・データを書き起こす際、音声を何度も聞くことで、データの中に浸り、データ全体から得られる「感じ」(felt sense)を得ます。このデータから得られる感じは「感受概念」と呼ばれます。研究者の主観や内省が大きな役割を担う質的研究では、データ収集から解釈に至るプロセスが重なり合っているため、量的研究のように、データの分析と解釈を明確に分けることはできません。サ

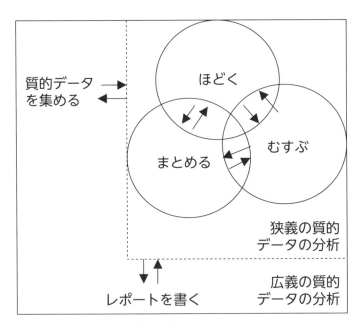

図 5.6　**質的データ分析の概略**（能智, 2011, p. 249 に基づく）

ンデロウスキーは、データの収集段階から分析までのプロセスにおいて、データは何度も形を変えており、ゆえに、データの準備と分析のプロセスは、データを解釈可能な形に（再）表現して、（再）構成する作業であると述べています。質的研究における分析は知を生み出していく手段であり、解釈は、データから生み出された知であると同時に、分析の最終結果とも言えます。

能智（2011）は質的データの分析を「ほどく」、「むすぶ」、「まとめる」という3相に分け、分析はその3相を何度も繰り返していく円環的な過程であるとします（図5.6を参照）。第1相の「ほどく」は、混沌とした全体データの細部に注目しながら、意味をときほぐしていく作業です。第2相の「むすぶ」は、注目して読んだ細部の関係を比較しその関係を考察していく作業です。第3相の「まとめる」は、比較した結果を整理・統合して、研究対象についてのモデル構成や仮説生成を行う作業です。

7.2　コーディングとカテゴリー化を行う

質的研究の分析でよく用いられる方法は、コーディング（coding）とカテゴリー化（categorization）です。データを繰り返し読み、コーディングし、カテゴリー化してテーマを抽出し、抽象化して現象を説明するというプロセスで進めていきます。

(1) データをテキスト化する

分析に当たり、研究参加者から得られた一次データをテキスト化します。例えば、インタビューなどの音声データは、書き起こして逐語録を作成します。インタビュー・データは基本的には部分的ではなくすべてを書き起こします。テープ起こしは時間がかかりますが、何度も音声を聞くことでデータに浸ることができ、新たな気づきも生まれるため、できるだけ自分で起こすことが望ましいでしょう。

以下は、リーディングについての信念とその変化を探るために、筆者が高校教員にインタビューを行った際の逐語録の例です。Iは面接者である筆者、Nは研究参加者を表しています。

＜逐語録の例＞
I：最初から、教え始めたころから、訳読式は採用していなかったのですか。
N：実は中学校の教育実習では訳読式を使っていたのですが、そのときコミュニケーションを重視している先生が指導教官でそのスタイルはちょっとと言われました。そこで、授業はネイティブスピーカーとのティーム・ティーチングがほとんどで
I：そこで意識改革があったのですか。
N：ネイティブスピーカーとの授業はチャレンジだったのですが。私の年齢だとネイティブスピーカーの先生の授業を受けた経験がないし、どういうふうに教えたらいいかわからなかったんですが、そのときに今はこういうふうに教えるのだと初めてそこで学びました。

　上記は逐語録がテキスト化されたデータの一部ですが、これだけでは全体の文脈がわかりません。したがって、研究課題を念頭に置きながら、データ全体を読む必要があります。

(2) データを何度も読んで感受概念を得る

　データをテキスト化した後、データ全体を何度も読むことで、そこから得られる感じをつかみます。そうすることで、観察時やインタビュー時の研究参加者の声や雰囲気といった非言語的要素も取り込むことができます。また、全体を通して読むことで、分析の視点がぼんやりと浮かび上がってくる場合があります。

(3) データを意味の固まりごとに分ける

　データを扱いやすくするため、データを意味の固まりごとの分析単位に切り分けます。データを分析単位に切り分けることは、「データの切片化」（data segmentation）と呼ばれます。分析単位に規則はありません。単語、節、行、段落、ページなどの分析単位の大きさは研究者自身が選択します。例えば、上記の例の場合、意味の単位は「実は中学校の教育実習では訳読式を使っていたのですが」、「そのときコミュニケーションを重視している先生が指導教官でそのスタイルはちょっとと言われました」、「そこで、授業はネイティブスピーカーとのティーム・ティーチングがほとんどで」と分

けることもできますし、「実は中学校の教育実習では訳読式を使っていたのですが、そのときコミュニケーションを重視している先生が指導教官でそのスタイルはちょっとと言われました。そこで、授業はネイティブスピーカーとのティーム・ティーチングがほとんどで」をまとめて1つの単位にすることもできます。

(4) データにコードを付す

　データを切片化した後は、データにコードを付していきます。コードとは意味のまとまりに与えられる名前です。コードを付していくことは「コーディング」または「コード化」と呼ばれ、テキストのある意味の固まりに名前をつけて、要約していきます（コーディングの例は表5.10を参照）。コーディングは「ラベリング」、「類型化」と呼ぶこともあります。コーディングは一度で終わらず、最初にコードを付した後（暫定的コーディング）、コードを見直して、修正し、再度コーディングを行い、コードを洗練させていきます。コードが多岐にわたる場合には、6節のテーマ分析で説明したコードブックを作成してもよいでしょう。

表5.10　コーディングの例

逐語録	コード
I：最初から、教え始めたころから、訳読式は採用していなかったのですか。	
N：実は中学校の教育実習では訳読式を使っていたのですが、そのときコミュニケーションを重視している先生が指導教官でそのスタイルはちょっとと言われました。	指導教官による教え方の問題の指摘
そこで、授業はネイティブスピーカーとのティーム・ティーチングがほとんどで	ティーム・ティーチングでの授業環境
I：そこで意識改革があったのですか。	
N：ネイティブスピーカーとの授業はチャレンジだったのですが。私の年齢だとネイティブスピーカーの先生の授業を受けた経験がないし、どういうふうに教えたらいいかわからなかったんですが、	経験のない教え方への戸惑い
そのときに今はこういうふうに教えるのだと初めてそこで学びました。	経験のない教え方の学び

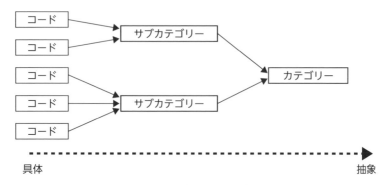

図 5.7　カテゴリー化のプロセス

(5) コードを集めてカテゴリー化（概念化）する

　カテゴリー化とは同じような意味内容を持つコードを集めて分類することです。カテゴリー化はデータを抽象化し概念化するプロセス（図 5.7 を参照）とも言えます。カテゴリー化することで見出されたものを「テーマ」と呼びます。少しずつ抽象化を高めるために、まずいくつかのコードを集め、サブカテゴリーを作成し、そのサブカテゴリーを集めてカテゴリーを作成していくという手順をとるとよいでしょう。

　コーディングとカテゴリー化の作業に集中すると、全体が見えなくなる場合がありますので、常に研究課題に立ち戻り、全体と部分の両方に目を配ることが重要です。

　論文で結果を書く際には、カテゴリー化で浮かび上がってきたテーマごとに説明をしていきます。その際、説明の中でテーマの事例となるデータの一部をいくつか引用することで、論文の読み手は、テーマと具体例を関連させて理解を深めることができます。

(6) カテゴリー間の関係を図式化したり一覧表にしたりする

　カテゴリー化のプロセスによって浮かび上がってきたカテゴリーを比較し、その関係を図式化したり、一覧表にしたりします。図式化や表の作成は必ずしも必要ではありませんが、視覚化することで論文の読者に伝えやすくなる場合があります。

　以上が分析の大まかな流れです。上記は一例で、コーディングとカテゴ

リー化の方法には様々なバリエーションがあります。例えば、GTAでは、継続的比較分析という方法が用いられ、分析過程で、コード、カテゴリー、データ全般について考えたことを自由に記録し、データ間の比較をすることで理論的アイディアを発展させます。さらに詳しいデータのコーディングとカテゴリー化の方法については、Harding（2013）, Saldaña（2013）, 佐藤（2008）、谷津（2015）を参照するとよいでしょう。

7.3 コーディングの信頼性を高める

　コード化には、先行研究に基づいた理論的枠組みなどから事前に設定したコードをデータに当てはめていく「演繹的コーディング」と、テキストから探索的に意味を見出す「帰納的コーディング」があります（佐藤, 2008）。前者では、複数のコーディング作業者間でコードの一致を図り、評価者間信頼性（inter-rater reliability）を高めることが一般的です。例えば、2人の研究者がコーディングをした場合、分析したデータに付与したコード名が一致していれば一致しているほど信頼性が高いと判断されます。量的研究を志向する研究者が質的データを分析する場合、客観性を重視するため、演繹的コーディングを用いることが多いでしょう。

　一方、テキストから意味を見出す帰納的コーディングの場合、必ずしも評価者間信頼性を高めることは求められません。なぜなら、テキストの意味について、多様な視点が許容されるため、視点が違えば、意味の解釈も異なるからです。質的研究のコーディングにおいて、信頼性を担保すべきかどうかについては、分析の種類や立場によって異なる考え方がありますが、質的研究では、帰納的コーディングを用いることが一般的です。また、コーディングを一人の研究者だけで行うことはよくあることです。とはいえ、データ分析をする際、データに根差して無理のない結果を導き出すことは重要です。そのためには、データ分析者個人の評価者内信頼性（内的一貫性）を担保します。評価者内信頼性を高める方法として、Guest, MacQueen, and Namey（2012）は、最初のコード化から少し時間をおいた後、再度データとコードを見直し、データに付したコードの適切性を確認することを提案しています。

7.4 データの妥当性を高める

　質的研究では、豊かで深い解釈を行ったり、データの妥当性を高めたりするために、トライアンギュレーション（triangulation）を行うことがよくあります。トライアンギュレーションとは、1つの研究において、複数のデータ収集法や調査者などを組み合わせることです（ホロウェイ・ウィーラー, 2006）。トライアンギュレーションの代表的な方法には、次の4つがあります。

（1）データのトライアンギュレーション
（2）研究者のトライアンギュレーション
（3）理論のトライアンギュレーション
（4）方法（method）のトライアンギュレーション

　データのトライアンギュレーションとは、異なった集団、異なった場、異なった時期から複数のデータを得ることです。研究者のトライアンギュレーションとは、2名以上の研究者が研究を行うことです。理論のトライアンギュレーションは、1つの研究に対して異なった理論の見方を適用することですが、使用頻度は高くありません。一方、方法のトライアンギュレーションは最もよく用いられ、質的研究と量的研究を組み合わせることを指す場合と、観察と半構造化インタビューなど2つ以上のデータ収集法を組み合わせることを指す場合があります。質的研究の場合、データ収集法を組み合わせるトライアンギュレーションがよく行われます。トライアンギュレーションの具体例を次の研究事例で見てみましょう。

＜研究事例15＞
　Nishimuro and Borg（2013）は、日本人英語教員3名を対象に、授業観察と観察前後のインタビューを用いて調査を実施した。その際、観察とインタビューの両方を組み合わせることで、文法指導の実践とその実践の根拠となる彼らの教育的信条や認知との関係性を検討した。

　この研究において、授業観察のみの調査では、研究者の視点から見た信

条や認知しか明らかにできませんし、インタビューのみの調査であれば、研究参加者自身が認識している信条や認知しか明らかにできません。そこで、この研究では、2つのデータ収集法を組み合わせることで、研究者と研究参加者の両方の視点から文法指導の実践とその実践の根拠となる彼らの教育的信条や認知との関係性を明らかにすることができたと言えます。

トライアンギュレーションは研究の妥当性を高めると考えられていますが、使用については研究者間で見解が分かれています（ホロウェイ・ウィーラー, 2006）。トライアンギュレーションの使用そのものが自動的に妥当性を高めるわけではなく、哲学的前提が異なる場合、質的研究と量的研究が共存できないと考える人もいます。また、妥当性の向上のために、別の方法を用いることもあります。例えば、会話分析では、読者が自分なりの解釈ができるように、論文に元のデータの逐語録を添えることがあります（ブルア・ウッド, 2009）。

8 どのように考察を行うのか

8.1 データ収集の段階から考察を始める

研究結果が出た段階で、論文執筆と考察を始めるというイメージを持っている人も多いかもしれません。しかし、質的研究では、書く作業も研究過程に含まれており、書くことが分析の一環であると捉えることができます（能智, 2011）。また、書くことは論文執筆のみを意味するのではなく、デー

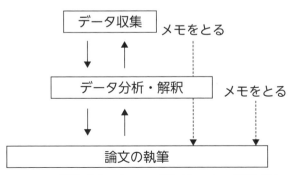

図5.8　質的研究における「書く」ことの位置づけ

タ収集段階で気づいたこと、分析段階に考えたことなどのメモ（覚書き）も含まれ、それらが考察の材料にもなります。データ収集、分析と解釈、執筆は必ずしも一方向の直線的なものではなく、両者をいったりきたりすることで考察が深まっていきます（p. 127, 図5.8を参照）。

データの解釈が妥当であるかを確認する方法の1つとして、研究参加者による確認（メンバー・チェック；member check）があります。具体的には、研究参加者によるデータの確認、予備的解釈の確認、最終報告の確認などが考えられますが、研究目的や採用したアプローチの違いにより、どの段階で確認を依頼するかは異なってきます。確認の仕方について、グレッグ（2007）は以下のような助言をしています。例えば、複数の研究参加者を対象に分析した場合、最終的な分析結果は、研究参加者の個々の経験の具体的記述ではなく、完全な解釈の段階まで達した抽象化された経験となります。その際は、研究参加者に、分析結果が研究参加者の経験を示しているかを尋ねるのではなく、研究参加者自身の経験と周りの人の経験を加味した場合、納得できる結果であるかどうか、あるいは結果の構造やモデルが、研究参加者が大切にしている価値を反映しているかどうかを尋ねます。

データの解釈の妥当性については、研究に直接関わっていない人と話し合うことで、研究者が気づいていない別の視点を得て、分析結果を解釈し直したりする方法（ピア・ディブリーフィング；peer debriefing）もあります（フリック, 2011）。

8.2　厚い記述を心がける

質的研究を用いた論文では、厚い記述（thick description）をすることが求められます。厚い記述とは、観察やインタビューなどで得られた表面的な研究参加者の行動や現象のみならず、行動や現象の意味を個々の文脈に即して詳しく記述することです。それにより研究参加者の感情、考え、認識を読者に生き生きと伝えることができます。論文における分析結果では、個別の事例や事例に見られたテーマについて述べますが、考察では、個別の事例やテーマをより広い文脈に位置づけ、より一般的な内容について述べます。その過程で、先行研究との関係も述べるとよいでしょう。質的研究の結果は、量的研究の法則定立的な一般化と同じ意味で一般化することはできません。しかしながら、厚い記述をすることで、読者は研究結果を

自身の経験や文脈と照らし合わせ、別の状況にも転用できるかどうか、転用可能性（transferability）について考えることができます。

例えば、ある大都市の大規模中学校のICTを活用した授業について、生徒がどのように捉えているか、インタビューや学習者の学習日誌などに基づき調査したとします。その場合、研究結果を、生徒の特性、生徒の学習、教師の指導方法、教師の指導観などの文脈を含め詳しく記述することで、読者が、ある地方の小規模中学校で教えていても、研究結果を転用し、自分の文脈に関連づけて読み取ることができます。ただし、論文の中で個人や学校が特定されないように、倫理的配慮を行う必要があります。

佐藤（2008）は、厚い記述に対し、薄い記述を「読書感想型」、「ご都合主義引用型」、「キーワード偏重型」、「要因関連図型」、「ディティール偏重型」、「引用過多型」、「自己主張型」の7つのタイプにまとめた上で、厚い記述を行うために分析段階において参考にすべき以下の4つのポイントを示しています。

(1) できるだけ早めに分析を開始する

データの分析作業を研究過程のできるだけ早い段階で始め、データに小見出しとしてコードを付したり、暫定的な概念モデルを作ったりすることで、次のデータ収集とデータ分析を往還的に行うことができます。その結果、データに対するより深い考察が行えます。

(2) 比較検討を心がける

データ分析を行う際に、データ同士あるいは複数の事例の類似点と相違点を常に意識して継続的な比較分析を行うことで、概念モデルが練り上げられていきます。

(3) 「メモ魔」になる

データ分析の際に浮かんできた様々なアイディアを小まめに文章化しておくことで、厚い記述のための考察が深まるとともに、新たな発想や分析の視点を生み出すことができます。

(4) 文脈に目配りをする

　研究参加者の意味世界（現場の言葉）と論文で意識する研究者の意味世界（理論の言葉）を往還するために、データ全体の文脈を常に念頭に置き、個々の言葉や文章の意味を理解することが大切です。

9 質的研究を進める上での留意点

9.1　質的研究の手順は研究によってすべて異なる

　質的研究に統一された方法はなく、研究のあり方は多様です。言い換えれば、誰にとってもわかりやすく定型化された共通の手順というものは存在しません。ある程度の手順があるように思われる方法においても、データ収集、分析、解釈のプロセスは重なりあっていることが少なくありません。つまり、データ収集と分析をいったりきたりしながら進めたり、データ収集と分析を同時に進めたり、分析と解釈を同時に進めたりするため、研究者によってデータ収集から解釈までにたどる道筋は異なります。また、同じ研究者であっても、ある研究と別の研究では、異なる道筋をたどることになります。だからこそ、どのような質的研究法を用いたとしても、読者が研究のプロセスをたどれるように、具体的な手順を研究発表や論文で説明する必要があります。

　例えば、萱間（2013）は、ある研究法を「参考にした」という一文を論文に書いても、それだけでは、参考のレベルがわからず研究方法の透明性が確保されないと指摘しています。具体的には、GTAを参考にした場合、「理論的サンプリングや、継続的比較分析を〜のように行った」、「〜のレベルで分析を終了した」と説明したり、理論的サンプリングを行わなかった場合には、サンプリングの具体的手順を説明していれば、当該研究で行われた分析の内容とレベルを読者に伝えることができます。

　Freeman（2009）は、質的研究が直線的ではなく循環的で、いったりきたりしながら進んでいくことを、研究サイクル（research cycle）と研究プロセス（research process）の2つの用語で説明しています。

　図5.9の研究サイクルは、研究がどのような順番で進んでいくべきかを示す、いわば理想の研究の道のりです。この研究サイクルは循環的で、探

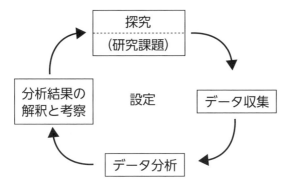

図 5.9 研究サイクル（Freeman, 2009, p. 29 に基づく）

究するものとしての研究課題を立てた後、データ収集、データ分析へと進んでいきます。データ分析の結果を考察し、その研究で明らかになったこととならなかったことがわかった時点で、また新たな課題が生まれ、次の研究サイクルに移行することも示しています。このように、理想の研究サイクルでは、研究課題の設定から始まり、データ収集、データ分析、分析結果の解釈と考察の各段階を順番に進んでいます。しかしながら、実際の研究プロセスでは、データ収集のある側面がうまくいかずやり直したり、予定していた研究参加者の一部を変更してインタビューを行ったりして、計画通りの順番では進まないこともあるため、いったりきたりしながら進んでいきます。また一部のデータ収集と分析を行った後に、新たなデータ収集と分析を行うこともあります。それでも、研究プロセスにおいて、研究サイクルの各段階を意識することは、ある種の秩序と方向づけをもたらしてくれると Freeman（2009）は述べています。

9.2　主観性を認識し、研究に積極的に生かす

　量的研究では、できるだけ客観的に研究を行うことが重要で、主観性を排除しようとしますが、質的研究のプロセスにおいては、主観性は重要な役割を持っています。質的研究では研究者の主観的な見方や視点が重要であり、研究者を研究のプロセスから切り離すことができないため、研究者自身が研究の道具であると考えます。例えば、授業におけるリーディング活動について、生徒の発話がどのように変化していったか、授業の観察によりデータを収集し分析をするとします。その際、研究目的に照らし合わ

せた視点に基づき分析を行います。それは研究者の主観と言えますが、先行研究で提示された理論などを参考に、ある視点を決め、生徒の発言を丁寧に分析することで、単なる感想や印象に終わったり恣意的にデータを分析したりするのではなく、学術研究とみなすに足る分析となります。

　また、データ収集、分析、解釈の段階で、研究者自身の行為や観察に関する振り返り、印象、感情などもフィールド・ノーツや研究日誌に書き留めることで、正当なデータとして解釈の一部に取り入れることができます（フリック, 2011）。研究者自身が研究のプロセス全体において、自身の主観に自覚的であることをリフレキシビティ（reflexivity）と言います。研究者としての個性、個人的な関心、価値観、これまでの経験等が、研究の最初のアイディアから結果にまで影響を与えていることを認識し、研究プロセス全体を通して、自身の主観性がどのように研究に影響を与えるかについて自覚的になることが質的研究では重視されています。

9.3　倫理的配慮の重要性を認識する

　質的研究では、個々の研究参加者に関わる多くの文脈情報が得られ、それに基づいて分析、考察を行うため、研究参加者が特定されやすいという問題点があります。したがって、研究の計画から結果の発表に至るすべてのプロセスにおいて倫理的な問題について強く自覚し、研究参加者を保護する必要があります。

　ティンダール（2008）は、研究参加者に対する直接の倫理的配慮として、

図 5.10　研究参加者に対する倫理的配慮

「インフォームド・コンセント」、「研究参加者の保護」、「守秘義務と匿名性」の 3 点を挙げています（図 5.10 を参照）。

「インフォームド・コンセント」とは、研究者と研究参加者の間で信頼関係を保証するため、研究の目的、研究計画、研究期間、研究者の立場と関与のあり方など、研究参加者に情報を開示し、同意を得ることです。研究参加者は自主的に研究に参加し、最初に同意をしたとしても、研究の途中で参加をやめる権利があることも伝える必要があります。図 5.11（p. 134）は面接の研究参加者に説明する際の、研究承諾書の例です。なお、承諾書はより詳細なものを作成すべき場合もあるので、研究目的やそれぞれの研究の文脈を考慮して、作成するとよいでしょう。また、研究承諾書による合意を得るだけで倫理的配慮が担保されるわけではないことに注意が必要です。

「研究参加者の保護」とは、研究者と研究参加者の力関係をできるだけ均等にし、研究のプロセスを民主的にすることを意味します。例えば、教室で質問紙調査を実施する場合、教員の立場を利用して生徒に強制をしたりせず、任意で協力してもらいます。インタビューの場合には、信頼関係構築のために、研究者側が十分に自己開示をした場合でも、研究参加者には自己開示を強要するのではなく、各自の事情に応じて自己開示をどの程度行うか決めてもらい、研究参加者自身がいつでも IC レコーダーを止める権利があることを伝えます。また、研究中に研究参加者によって提供されたデータはすべて研究参加者の所有物であり、削除したい箇所はいつでも削除を申し出る権利があることも伝えます。例えば、研究参加者に分析の結果を見せた際、インタビューからの引用がいくつか含まれていたとします。インタビューの時点では、すべての引用を使用してもよいという許可を得ていたとしても、分析結果を見せたときにある引用は使用してほしくないという要請があれば、その引用は結果から削除しなくてはいけません。

「守秘義務と匿名性」とは、研究参加者から得た情報は、事前に了承を得た場合を除いて、守秘義務があり、口頭発表や学術論文において特定されないように匿名性を確保する必要があるということです。上記に加え、フリック（2011）は、「研究参加者に対する正当なデータ分析の遂行」について指摘しています。正当なデータ分析とは、インタビューの発言など

実際のデータに基づいた解釈をし、研究参加者の人格に関わる評価を含めないことです。

研 究 承 諾 書

　私は〇〇大学の〇〇と申します。現在卒業論文のために研究をしており、研究のためにご協力してくださることに感謝いたします。本研究の目的は、〇〇です。
　本研究のデータのために面接を実施するに当たり、次の確認事項をお読みください。

(1) 研究参加者の権利についての確認事項
　①面接の途中でも面接の中止を求めることができます。
　②質問への回答を拒否することができます。
　③録音を停止あるいは一時停止することができます。

(2) プライバシーの保護についての確認事項
　①面接は録音させていただきますが、録音データは厳重に保管します。
　②面接内容を知ることができるのは、面接者のみです。
　③面接の録音データは保管する必要がなくなった時点で、すべてを完全に破棄します。

(3) 面接結果の公表についての確認事項
　面接のデータは、分析後、卒業論文及び学会発表に使用する予定です。ただし、公表に際しては情報提供者のプライバシーが侵害されないように最大限の注意を払い、個人名が特定されないように配慮いたします。

　　　　　　　　　　　　　　　　住所：〇〇〇
　　　　　　　　　　　　　　　　E-mail：〇〇〇
　　　　　　　　　　　　　　　　研究者名：〇〇〇

………………………… 研究承諾書 …………………………

　上の研究趣旨や倫理的制約をふまえ、研究に協力することを承諾いたします。なお、研究承諾書は2部作成し、研究者と研究参加者で1部ずつ保管することに同意します。

　　　　　　　　　　　　　　　　平成　年　月　日
　　　　　　　　　　　　　　　　名前

図5.11　研究承諾書の例

10 さらに詳しく学ぶための参考文献

📖 中嶌洋 (2015).『初学者のための質的研究 26 の教え』東京 : 医学書院.
▶ 質的研究の初学者、論文をまとめようとしている学生と指導者を対象にしています。イラストがたくさんあり、薄い本で読みやすく、関心のある項目だけ読むこともできます。

📖 Richards, L., & Morse, J. M. (著), 小林奈美 (監訳) (2008).『はじめて学ぶ質的研究』東京 : 医歯薬出版. (Richards, L. & Morse, J. M. (2007). *Readme first for a user's guide to qualitative methods* (2nd ed.). Thousand Oaks: Sage publications.)
▶ なぜ質的研究を行う必要があるのか、質的研究を行う前に研究者はどのような準備をすべきかなど、研究を行う主体である研究者自身のあり方について考えるとともに、一通りの質的研究のデザインと具体的方法を学べます。

📖 関口靖広 (2013).『教育研究のための質的研究法講座』京都 : 北大路書房.
▶ 第 I 部の入門編と第 II 部の各論編に分かれています。入門編では、専門用語がほとんど使われておらず、質的研究の具体的な進め方について一通りの流れがわかります。

第 6 章

量的研究の進め方

- □ 大規模な調査をしたいときは量的研究にしておけばいいの？
  - ▶ 1 どのようなときに量的研究を選択するのか
- □ 量的研究ではとりあえず学生にテストを実施しておけばいいの？
- □ 量的研究では客観性が大事だから介入はしないほうがいいの？
  - ▶ 2 どのように研究をデザインするのか
- □ 質問紙やテストはどうやって作ればいいの？
  - ▶ 3 どのようにデータを収集するのか
- □ 集めたデータはどう処理すればいいの？
- □ 量的研究ではどんなデータでも一般化していいの？
  - ▶ 4 どのようにデータを分析するのか
- □ データをわかりやすく示すにはどうすればいいの？
- □ 学生のテストの点数が伸びていれば学力は上がっていると考えていいの？
  - ▶ 5 どのようにデータを解釈するのか

1 どのようなときに量的研究を選択するのか

量的研究は、数値化されたデータを分析して客観的で一般化された知見を生み出すことを大きな目的としています。そのためには、研究のあらゆる段階で主観的な要素をできるだけ取り除き、一定の方法に沿ってデータを収集したり分析したりする必要があります。

例えば、「文法指導の効果」について調査する際には、各々が異なった解釈をした上で論じることを防ぐために、「文法指導」や「効果」が具体的にどのようなことを指しているのかを明確に定義します。また、調査対象者一人ひとりに注目するのではなく、集団全体の傾向を捉えるためにデータの統計処理を行います。

以下では、具体的な研究事例を踏まえながら、どのようなときに量的研究が用いられるかを概観します。

1.1 事象の全体的な特徴や傾向について知る

事象の全体的な特徴や傾向について知るために、量的研究が用いられることがあります。研究対象者としての英語学習者は、それぞれが異なった価値観や能力を持っています。質的研究は、このような個人の特性に焦点を当てて、多様な意味や解釈を生成していくことに向いていますが、量的研究は、多くのサンプルからデータを収集し、統計処理によって集団の傾向を調査することに向いています。

例えば、Iwanaka and Takatsuka（2010）は、「言いたいことが自分の持っている知識では表現できないと気づいたとき（これを「穴への気づき」(noticing a hole) と呼びます）、学習者は何を考え、どう行動するか」という研究課題を設定し、学習者の行動や思考を数値化して、習熟度別に調査しています。

＜研究事例１＞
Iwanaka and Takatsuka（2010）は、102名の大学生を対象に、要約文を書かせるタスク中に穴への気づきが起こったとき、何を考え、どう行動するかを調査した。学習者は要約タスクを行いながら、問題への気づきが起こったときに何を考えたかを書き留めた。分析の結果、習熟度の低い学

習者は「A という意味を表すためには、B という単語を使うべきだった」といった語彙検索（lexical search）をより多く行っており、習熟度の高い学習者は、「look forward to の後ろに動詞を続けることができるのか」といったレマへのアクセス（lemma access）をより多く行っているということが報告された。

1.2　関連性を調査する

　事象間の関係を調べたい時や、その関係を整理したいときにも量的研究が用いられます。関連性を調査する研究課題には、「コミュニケーションに対する不安と英語の習熟度にはどのような関係があるか」といったものや、「学習者の英語学習に対する動機づけはどのような要素から構成されているのか」といったものが考えられます。例えば、Yashima（2002）は、コミュニケーションをしようという意思（willingness to communicate; WTC）に影響を与える要因について、質問紙を用いて量的に調査をしています。

＜研究事例 2＞
　Yashima（2002）は WTC に影響を与える要因について調査するために、297 名の大学 1 年生を対象に質問紙調査を実施した。分析の結果、WTC に直接的な影響を与える要因には、第二言語によるコミュニケーションに対する自信（L2 communication confidence）があり、自信にはコミュニケーション不安（communication apprehension）とコミュニケーション能力の認知（perceived communication competence in L2）が影響していることがわかった。つまり、コミュニケーションに対する不安が低く、コミュニケーション能力の認知が高い学習者ほど、コミュニケーションに自信があり、その自信が高い WTC につながる傾向が見られた。

1.3　事象の差異や因果関係を捉える

　指導法の効果を検討したり、グループ間の差の有無や大きさを検討したりするときにも量的研究が用いられます。例えば、伊達（2015）は、タスクを繰り返す練習を行った場合、学習者の発話の流暢さと正確さに変化が見られるかという課題を設定しています。この研究では、練習を行うグループと行わないグループを設定し、両方のグループでプレテストとポストテストを実施し、その結果を比較することで、指導の効果を検討しています。

＜研究事例3＞

　伊達（2015）は、タスクを繰り返す練習を行うことで、学習者の発話の流暢さと正確さが向上するかどうかを調査した。日本人大学生45名を対象とし、学習者を3グループに分類した。グループ1の学習者は、同じ内容の物語描写タスクを2回遂行する練習を、週1回4週間行った。グループ2の学習者は、異なる内容の物語描写タスクを2回遂行する練習を、週1回4週間行った。グループ3の学習者はタスクの練習は行わず、プレテストとポストテストのみを受けた。その結果、タスクの違いによって練習の効果に差が見られた。同じタスクを遂行したグループは4週間後に流暢さと正確さの両方が向上したが、異なるタスクを行ったグループは流暢さの向上は見られず、正確さのみが向上した。

2　どのように研究をデザインするのか

　前節では量的研究を選択する主な理由を紹介しましたが、ここでは量的研究が実際にどのような形で行われるのか、そのデザイン（計画）を見ていきましょう。量的研究のデザインは、研究対象者に手を加えること（「介入」と呼びます）なくデータを収集する調査研究（survey study）と、一定の基準でグループ分けを行ったり、指導方法を変えたりといった形で研究対象者に何らかの働きかけを行う実験研究（experimental study）または介入研究（intervention study）の2つに分けられます。

2.1 調査研究

まずは、調査研究の一例として次の研究課題について考えてみましょう。

「中学校の教員はALTの雇用形態についてどのような認識を持っているのか」

この研究課題では、ALTの雇用形態に関する考えについて、インタビューや質問紙（questionnaire）を用いて調べることになります。対象である中学校の教員に対して介入を行わずにデータを集めるので、研究デザインは調査研究です。

調査研究は、介入を行わずにデータを収集します。例えば、語彙サイズと読解力の関係を調べる際には、質問紙やテストを用いてデータを収集することが考えられますが、データ収集の前に語彙指導やリーディング指導といった介入は行いません。また、収集されたデータに対して相関分析や重回帰分析、因子分析といった統計処理を行います（詳しくは4節を参照）。

実験研究と異なるのは、データを収集するのが一時点であるという点と、研究者が研究対象者に指導する、あるいはタスクを与えるといった処遇（treatment）を与えず、条件を人為的に統制しない点です。回答者の意見や態度、特徴、能力などについて、インタビュー、質問紙、観察、テストなどを用いて調べます。質問紙やテストの作成方法については、4節および第4章を参照してください。

2.2 実験研究

次に、実験研究の一例として次の研究課題を見てみましょう。

「ライティング課題において、書いてからモデル文が提示される場合と、モデル文が提示されてから書く場合で、学習者の文法に関する気づき（noticing）に与える影響に違いがあるか」

この研究課題では、研究対象者となる学習者を2つのグループに分けて、一方のグループには課題を書かせてからモデル文を提示し、もう一方のグ

ループにはモデル文を提示してから課題を書くように指示します。その上で、両グループの気づきの種類や頻度を比較することになります。モデル文提示のタイミングを人為的に操作しているので、実験研究であると言えます。

このように、X（上記の研究課題の場合、モデル文提示のタイミングが課題を書く前か後か）という条件がY（学習者の文法に対する気づき）に与える影響を調査するデザインでは、研究者が人為的に整える条件Xを独立変数（independent variables）と呼びます。一方、Yは、独立変数Xによって何らかの影響があると予測されるもので、これを従属変数（dependent variables）と呼びます。

ここでは、2つの変数の関係を明らかにするために実験研究を採用した場合、どのような研究デザインが必要なのかを具体的に考えてみましょう。例えば、あるリスニングの指導法が、リスニング力に及ぼす影響を検証するとします。対象クラスは、A組です。4月から7月までの4ヶ月間、そのリスニングの指導法を実践しました。リスニング力は、短いパッセージを聞かせ、その内容に関する質問に対して答えを求める多肢選択式のテストにより測定することにしました。項目数は、20問です（図6.1を参照）。

4ヶ月間そのリスニングの指導法を実践した後に、リスニング・テストを実施したところ、平均点が18.0点でした。この指導法は、効果があったと言えるでしょうか。20点満点のテストで平均点が18点という高い値を示したため、その指導法はリスニング力の向上に効果があったと思うかもしれません。しかし、答えは否です。なぜなら、このクラスの生徒たちは、4月の段階ですでに18.0点に近い平均点をとれるぐらいのリスニング力を持っていた可能性があるからです。そのため、指導がリスニング力に影響を及ぼしたとは言い切れません。

指導の効果を示すためには、「伸びた」もしくは「向上した」ということを示す必要があります。実験研究では、プレテスト（pretest）を実施し

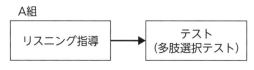

図 6.1　研究計画のイメージ（ポストテストのみ）

たり、介入以前の時点では知識や技能がゼロであることを示したりすることによって、ポストテスト（posttest）の結果を「伸びた」もしくは「向上した」と解釈することができます。

(1) 介入前の状態を調査する

それでは、4月にリスニング・テストを行い、指導を実施した後、7月に同じテストを実施したとしましょう（図6.2を参照）。

その結果、4月には平均点が10.0点であったのに対し、7月には平均点が18.0点であったとします。8点も平均点がアップしています。では、この指導は効果があったと言えるでしょうか。答えは否です。例えば、そのリスニング指導を受けていなくても、リスニング力が向上した可能性（成熟効果; maturation effects）があります。また、同じテストを2回実施していますので、練習効果（practice effects）があったかもしれません。

成熟効果や練習効果の影響を除外するためには、リスニング指導は行わず、それ以外は同じ条件というグループ（統制群; control group）を設けることが必要です。統制群に得点の伸びがあった場合には、成熟効果や練習効果の影響であると思われますが、その伸びと比べて、リスニング指導を行ったグループ（実験群; experimental group）の伸びが大きいことが示されれば、指導法の効果を主張できそうです。また、今回対象とする指導法とは別の指導法を用いたグループ（対照群; contrast group）を用意し、同様の調査を行うことで、2つの指導法のどちらがより有効かを示すといったデザインも考えられます。なお、統制群や対照群を設けない研究計画を、前実験計画（pre-experimental design）と呼びます。予備調査（pilot study）では、この計画を用いて、少なくとも介入が何らかの変容をもたらすことを確認することがあります。

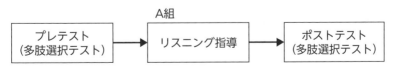

図6.2　研究計画のイメージ（プレテスト、ポストテストあり）

(2) 統制群や対照群を設定する

そこで、A組には、あるリスニングの指導を実施し、B組には、リスニング指導の代わりに英文を読ませる活動を実施しました。すなわち、A組が実験群であり、B組がリスニング指導を受けていない統制群となります。そして、2つのクラスに対して、同じリスニング・テストを4月と7月に実施しました（図6.3を参照）。

テストの結果、A組（実験群）の平均点が、10.0点から18.0点に伸びたのに対して、B組（統制群）の平均点は5.0点から8.0点に伸びたとします。実験群は8点アップしたのに対して、統制群は3点のアップです。指導の効果があったと言えるでしょうか。そう主張してもよいように見えますが、実験群と統制群の生徒たちが様々な点で異なっていた可能性を否定できません。例えば、4月の段階でA組とB組の間で平均点にして5.0点の差が見られます。英語力、学習量、英語に対する態度などの点で、2つの群が同等と言えないかもしれません。その場合、同じ指導法をB組に対して実践したとしても、A組と同じような結果が出るとは限りません。

(3) 研究参加者の無作為割付・無作為抽出をする

上記の問題を解決するには、実験群と統制群を同等にするために、対象とする研究参加者をランダムに各条件に割り当てます。これを、無作為割付（random assignment）と呼びます。しかしながら、英語教育研究では、クラスを解体して新たに群を作るということは大変に難しいでしょう。学年や学級など、すでにあるグループを利用して研究をするデザインを準実験計画（quasi-experimental design）と呼びます。準実験計画の場合には、実験群と統制群が様々な点で同等かどうかを確認することが大切です。先

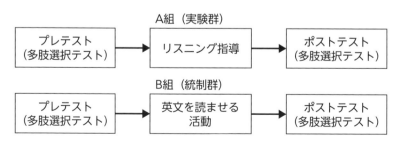

図6.3 研究計画のイメージ（統制群を設定した場合）

表 6.1　研究計画と要素

	実験群	ポストテスト	プレテスト*	統制群対照群	無作為割付無作為抽出
通常の実践	○	×	×	×	×
前実験計画	○	○	×	×	×
準実験計画	○	○	○	○	×
実験計画	○	○	○	○	○

＊介入以前に、グループ間の知識や技能に差がないことを示すことを含む

に示した例では、英語学習経験年数、受けた授業の量と質（特に、英語を聞いている活動の量）、研究で用意した以外の英語力テストの結果（可能ならば、リスニングのテスト）、など、リスニング力に影響を及ぼすと思われる点で、実験群と統制群が同等であることを示すとよいでしょう。

表 6.1 は、今まで説明してきた研究計画の種類と、その要素を整理したものです。できるだけ、準実験計画や実験計画になるように工夫をしましょう。

実験研究では、介入を行うグループ（実験群）と介入を行わないグループ（統制群）に対して同じ方法で収集したデータを比較し、差が見られるとき、差が生じた原因は介入にあると考えます。実験研究を計画するときには、プレテストの実施、統制群・対照群の設置、無作為割付の要素を考慮しましょう。

3　どのようにデータを収集するのか

研究をする上で、構成概念（construct）と呼ばれるものが重要となります。例えば、リスニング力を調べようとするときには、「リスニング力」が 1 つの構成概念となります。内発的動機、wllingness to communicate (WTC), 気づき、読解力など、多くの場合、構成概念は直接観察できない抽象的なものです。実験を通じて、あるいは調査中に構成概念に変容があったかどうかを検証するためには、構成概念を観察可能なものにする必要があります。これを操作化（operationalization）と呼び、操作化された定義のことを操作的定義と呼びます。例えば、前節の例では、リスニング力を

「パッセージを聞き、その内容に関する事実質問に回答できる力」とする定義に基づき、リスニング力を「20問の多肢選択式のリスニング・テストの得点」というように操作化しました。得点は、回答者によって異なる変数（variable）であり、具体的で、操作可能なデータです。

構成概念 → 操作化 → 変数 → データ

「内発的動機づけ」という構成概念についても、研究者によって、操作化の方法は様々です。例えば、質問紙を作成し、内発的動機づけの定義に合った質問項目を7項目設け、5件法で同意するか否かを尋ね、7つのデータを得ます。その7つのデータの平均値を内発的動機づけの変数とする方法があります。一方で、あるタスクを与えて、タスクをやり続けた時間や、やり続けたタスクの回数を、内発的動機づけの変数とする方法もあります。研究したい構成概念が明確になったら、どのように操作化してデータを得るのかを考えましょう。

データの収集方法は多種多様ですが、ここでは量的研究でよく用いられる質問紙とテストについて説明します。

3.1　質問紙

質問紙は、文字通り、質問を示し、回答者の答えを求めるものです。回答の方法には、自由記述形式や選択形式があります。示すのは質問だけとは限らず、叙述文を示すこともあります。その場合には、叙述文で示される内容にどの程度当てはまるか、あるいはどの程度同意するかを回答をさせます。

　　　　例
　　　　質問形式　　あなたは英語をどの程度話せますか。
　　　　　　　　　　1. 流暢に英語を話せない。
　　　　　　　　　　2. どちらといえば流暢に英語を話せない。
　　　　　　　　　　3. どちらかといえば流暢に英語を話せる。
　　　　　　　　　　4. 流暢に英語を話せる。

　　　　叙述文形式　あなたは英語を流暢に話せる。
　　　　　　　　　　1. まったく当てはまらない。
　　　　　　　　　　2. あまり当てはまらない。
　　　　　　　　　　3. やや当てはまる。
　　　　　　　　　　4. 当てはまる。

　質問紙に含められるのは3種類の質問項目です（Dörnyei, 2003, pp. 8-9）。第1に、研究対象者情報（年齢、性、人種）、言語学習歴、言語経験などの事実に関する項目です。第2に、行為、ライフスタイル、習慣などの行動に関する項目です。最後に、態度、意見、信念、関心、価値観などの態度に関する質問項目です。

　質問紙は一度に大量のデータを得ることができますので、英語教育の研究においてもよく用いられるデータ収集法の1つです（Dörnyei, 2003, p. 1; Nunan, 1992, p. 143）。しかしながら、データの妥当性（validity）や信頼性（reliability）を確保するのは簡単ではありません。妥当性とは、測定したいものを測定できているかという指標で、信頼性とは安定した結果を得られるかという指標です。Nunan（1992）が、「妥当性や信頼性の高いデータを得るための質問紙やインタビューの計画を作成することは、当初考えられるよりも複雑である。（中略）妥当性や信頼性の高い質問紙の作成は、高度な専門的知識を要する作業である」（p. 143）と指摘しているように、実際に質問紙を作成してみると、妥当性、信頼性の高いものを作るには、予想以上に考慮するべき点があることに気づくでしょう。

　妥当性を高めるための第一のステップは、先行研究に基づき、構成概念の定義を十分吟味し、質問項目の内容が測定したいことを測定できているのかを検討することです。対象とする構成概念を別の方法で測定し、相関（4.2.1を参照）が高いかどうかを検証する方法もあります。論文の中では、構成概念の定義を明確に述べ、操作化された定義を示すようにしましょう。

　信頼性を高めるための第一のステップは、1つの構成概念に関する質問項目数を多くすることです。また、質問項目を作成する際には、できるだけ多種多様な表現を用いるとよいでしょう。そして、信頼性係数（クロンバックαなどの内的一貫性を示す指標）を示しましょう。信頼性が低い場合、データに誤差が多く含まれることになるため、統計上有意な結果を得ることが

難しくなります。先行研究で使われた質問紙をそのまま用い、その先行研究の中で高い信頼性が得られたことを自らの研究データの信頼性の根拠として示している論文を時々見かけます。しかし、クロンバック α などの内的一貫性を示す指標は、調査を実施する集団によって変わります。必ず自分の研究の対象者で得られたデータにおける信頼性を提示しましょう。

3.2 テスト

言語技能や知識を調べたいときには、テストを用います。語彙知識、文法知識、語用論的知識や、リーディングやライティングなどの 4 技能をどのように測定したらよいかについては、それぞれに専門書がありますので、必ず確認しましょう。例えば、Cambridge University Press からは、Assessing シリーズの専門書が発行されています。リーディングを担当した Alderson（2000）は、テストの種類として以下のものを挙げています。

クローズテスト（the cloze tests）
多肢選択テスト（multiple-choice techniques）
組み合わせ法（matching techniques）
整序法（ordering tasks）
正誤法（dichotomous items）
修正テスト（editing tests）
C テスト（the C-test）
文中に挿入された余計な語を特定させるテスト（the cloze elide test）
質問法（short-answer questions）
自由再生テスト（the free-recall test）
要約テスト（the summary test）
穴埋め要約テスト（the gapped summary）
情報転移法（information-transfer techniques）
コミュニカティブ・テスト（real-life methods）
そのほか（informal methods of assessment）

テストが異なれば、異なる知識や力を測定している可能性があります。妥当性のあるテストにするためにも、テストを用いる際には、構成概念を

十分に検討し、操作化を行い、選んだテスト方法が適切かを確認しましょう。さらに、研究課題や仮説に直接つながるテストとなっているかも確認します。論文執筆の際には、テスト選択の根拠を明示するとよいでしょう。

テストの信頼性を高めるためには、次のことを意識しましょう。3.1 で説明した通り、質問項目数を多くすると信頼性が高まります。さらに、クロンバックαなどの内的一貫性の指標を用いて信頼性を確認しましょう。また、スピーキングやライティングのパフォーマンステストを行う際には、採点基準の明確化や採点の練習の実施などを行いましょう。そして、複数の採点者を設け、採点者間信頼性として一致度を示します。なお、テストが難しすぎたり簡単すぎたりすると、内的一貫性は低くなります。対象とする学習者の知識や技能に適した難易度のテストを準備しましょう。そのために、パイロットテストを行い、項目分析をするとよいでしょう。項目分析については、オルダーソン・クラッファム・ウォール（2010）が参考になるでしょう。

4 どのようにデータを分析するのか

ここまでは、量的研究の主な特徴とデザインについて説明してきました。次に、データの分析法について、その基本的な仕組みを解説します。コンピュータの進歩により、統計処理用のソフトウェアを使えば、統計の仕組みを理解せずとも簡単に統計分析ができる時代になりました。その分、誤った分析法を選択し、誤った解釈を報告している研究を見ることも多くなりました。そうならないためにも、実際にデータ分析を行う前に、どのような目的でどのような分析を行うのかと、それぞれの分析がどういう仕組みなのかについて理解しておくことはとても大切です。

4.1　目の前にあるデータを記述する

4.1.1　データを意味のある形でまとめるということ

質問紙やテストなどでデータを収集したら、その結果を何らかの形でまとめる必要があります。例えば、A組とB組の生徒を対象に 20 点満点のテストを実施したとしましょう。表 6.2（p. 150）はその結果を一覧表にしたものです。このように生徒一人ひとりの得点を羅列しただけでは、2つ

表 6.2 テストの結果（A 組と B 組）

A 組		B 組	
11	5	13	10
10	6	3	11
12	13	8	9
13	14	10	9
14	14	9	9
13	15	8	8
15	17	11	6
16	13	14	10
9	12	12	10
15	8	12	5
15	13	7	13
12	14	12	11
13	16	11	7
11	13	10	4
14	15	11	15

のクラスを比較するのは難しいでしょう。ここでは、表 6.2 のデータを使いながらデータのまとめ方について見ていきます。

4.1.2　中心とばらつき

2 つのクラスを比較するには、まずそれぞれのクラスの平均点を計算するのが一般的です。平均値（mean）とは、グループ全員の得点の合計を人数で割った値です。平均値のようにグループ全体を 1 つの数値で表したものを代表値と呼びます。代表値には他に最頻値（mode）や中央値（median）があります。表 6.3 は、A 組、B 組のテスト結果の各代表値です。

代表値として一番よく使われる平均値を用いて A 組と B 組を比較すると、A 組のほうが 3.1 点高いことがわかりました。一見すると、A 組のほうが B 組よりもよいテスト結果を得られたと解釈できそうです。しかし、代表値だけを見て 2 つのグループを比較するのは、実は十分とは言えません。

ここで、仮に C 組と D 組も、A 組、B 組と同様にテストを受けたとしましょう。表 6.4, 6.5（p. 152）は、C 組と D 組の結果です。表 6.5 を見

表 6.3　代表値（A 組と B 組）

	A 組	B 組
平均値*	12.7	9.6
中央値**	13	10
最頻値***	13	11

* すべてのデータの合計をデータの個数で割ったもの
** すべてのデータを小さい順（または大きい順）に並べたとき、真ん中に来る値
*** すべてのデータの中で出現回数が最も多い値

るとわかるように、C 組と D 組の各代表値の差は A 組と B 組の差とまったく同じです。

　ところが、表 6.2, 6.4 のデータを図で表すと、A 組、B 組のデータと C 組、D 組のデータの分布の形状が異なることがわかります。図 6.4 と 6.5(p. 152) は、4 つのクラスの得点ごとの分布を図示したものです（このようなグラフをヒストグラムと呼びます）。横軸は得点、縦軸はその得点を取った生徒の人数を示しています。平均値で見ると同じような差があるのですが、この図を見ると C 組と D 組のほうがより重なり合っていることがわかり

表 6.4　テストの結果（C 組と D 組）

C 組		D 組	
17	14	13	9
13	18	9	10
15	4	9	10
6	15	19	11
19	11	11	18
2	14	14	1
12	13	8	12
14	20	6	2
12	8	12	12
9	13	11	9
9	13	11	3
16	12	10	7
16	7	8	0
11	13	11	11
15	20	16	5

表 6.5 代表値（C 組と D 組）

	C 組	D 組
平均値	12.7	9.6
中央値	13	10
最頻値	13	11

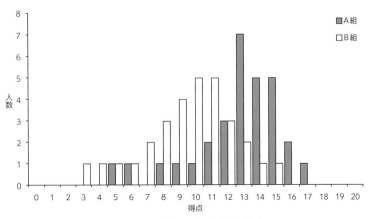

図 6.4　A 組と B 組の得点分布

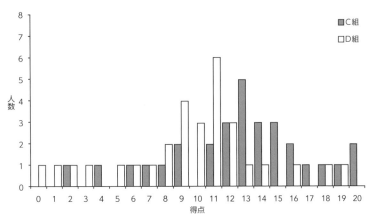

図 6.5　C 組と D 組の得点分布

表6.6 4つのクラスの平均値、分散、標準偏差

	A組	B組	C組	D組
平均値	12.7	9.6	12.7	9.6
分散*	7.9	8.0	19.3	19.8
標準偏差**	2.8	2.8	4.4	4.5

* 個々の数値と平均値との差を2乗し、その合計をデータの数で割ったもの
** 分散の平方根

ます。逆に言うと、A組とB組はデータの重なりが少ないことがわかります。つまり、平均値の差が同じであっても、データの重なり具合には違いがあると言えそうです。

分布の広がり（ばらつき）の度合いは、数値で表すこともできます。代表的な指標には、分散（variance）や標準偏差があり、数値が大きくなればなるほど代表値からのばらつきが大きいことを意味します。図6.4, 6.5を見直すと、A組、B組のほうがC組、D組と比べてデータのばらつきが小さいことがわかりますが、それを数値で示したものが表6.6です。このように、得点の比較には、代表値だけではなく標準偏差のような分布（散布度）の指標もあわせて検討することが大切です。

4.2　目の前のデータからより大きなものを推測する

前節では、テストのような形で集めた量的データの特徴を確認するには、データの中心とばらつきを見るとよいと解説しました。このように、目の前の量的データの特徴をいくつかの数値でまとめる（要約するとも言います）ための統計を、記述統計と呼びます。

一方、量的データを扱う目的の1つに結果の一般化があります。収集されたデータの特徴が、目の前にいる学習者だけでなく他の学習者にも当てはまるかどうかについて検討することはとても重要です。目の前のデータ（標本またはサンプルと呼びます）を基に、その結果がより大きな文脈（母集団と呼びます）にも当てはまるのかどうかを調べるための統計を、推測統計と呼びます。

推測統計の基本的な考え方は次の通りです。まず、研究課題を決めるときに、想定される母集団についてもあわせて考えます。どのような母集団を対象とするかは研究によって変わりますが、例えば「日本で英語を学習

する高校生」といった母集団が考えられるでしょう。

本来であれば、母集団すべてを対象にデータ収集を行うのが一番正確な情報になるはずです。そのような方法を全数（悉皆）調査と呼びます。例えば、文部科学省が実施する全国学力・学習状況調査は2016年現在、対象となる学年の児童生徒の全員を調査対象としています。ただし、全数調査はとても大規模なものになり、多くの場合それほど大規模な対象からデータを集めることができません。多くの研究では、母集団から比べるとずっと小規模な対象（標本）からデータを集め、その結果が母集団にも当てはまるかどうかを推測するという形が採られます。教育研究ではありませんが、選挙が行われるときに投票所で行われる出口調査を思い浮かべるとわかりやすいでしょう。出口調査では、投票者から何人かを選んで投票内容を調査し、そのようにして集めたデータから全体（母集団）の投票がどのような結果になっているかを推測します。図6.6は推測統計を用いた母集団の推定過程を図示したものです。

このように、推測統計とは母集団からランダム（無作為）に標本を抽出して調査を行い、その結果を統計的に分析することで、母集団がどのようなものかを推測するプロセスです。推測統計には、2つ留意点があります。1つは誤差についてです。同じ母集団から無作為に標本を抽出してデータを集めることを複数回行うと、その結果はまったく同じにはなりません（図6.7を参照）。このように、標本ごとに見られるデータのばらつきを誤差

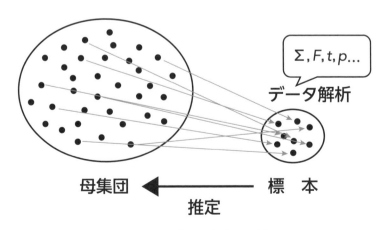

図6.6　母集団と標本の関係

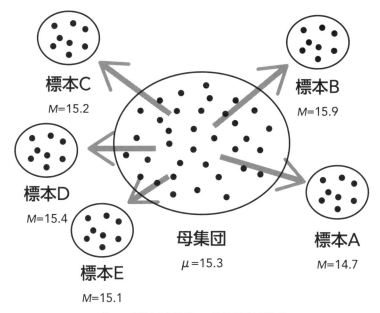

注：Mは標本の平均値、μは母集団の平均値
図6.7　標本抽出と誤差

(error) と呼びます。推測統計は、この誤差を考慮した上で母集団の性質を推測するものです。

　もう1つの留意点は、標本の抽出についてです。推測統計は、母集団から標本を無作為に抽出しているという前提で誤差の推定を行っています。ところが英語教育研究、特に教室での学習者を対象にした研究は、クラスなどのあらかじめ存在するグループを対象とすることが多く、母集団からの無作為抽出の原則が守られていません（2.2を参照）。教育学や心理学の研究では、無作為抽出が行われていない場合にも推測統計の使用を容認することが一般的ですが、本来は無作為抽出が必要であるということは知っておいてください。

　推測統計には、関連性の強さを推測するものと、差の有無について推測するものがあります。それぞれ詳しく見ていきましょう。

4.2.1　関連性の強さを推測する

　関連性の強さを表す指標の1つに相関があります。相関（correlation）

とは、簡単に言えば2つのデータ（変数）の間に見られる関係の強さのことです。相関は通常0から1の間の数値（相関係数と呼びます）で表され、1に近ければ近いほど相関が強い（2つのデータが密接に関係している）ことを示し、逆に0に近ければ近いほど相関が弱い（2つのデータに関係がない）ことを示しています。図6.8は、相関を表す指標の1つである、ピアソンの相関係数 r の値とデータの分布の関係を示したものです。これを見るとわかるように、r が1に近づけば近づくほどデータの分布が直線的にまとまっており、相関係数が高くなると2つのデータがより密接に関連していることがわかります。

　図6.8では、相関係数 r が0から1の間のものを図示しています。相関係数がプラスのものを正の相関と呼び、Xの数値が高ければYの数値も高くなっています。一方、相関係数はマイナスの値（0から−1の間）になることもあり、その場合Xの数値が高ければ高いほどYの数値が低くなります。これを負の相関と呼びます。

　英語教育に関係する相関について考えてみましょう。日本英語検定協会（2015）は、同協会が実施する Test of English for Academic Purposes（TEAP）と大学入試センター試験の両方を受験した約1,000名を対象にした相関分析を行い、その結果、相関係数 r が .798 であったと報告しています。TEAPとセンター試験の相関が、図6.8の .80 に近い形になったこ

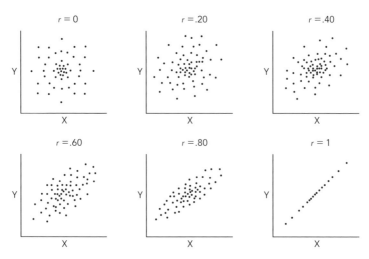

図 6.8　相関係数とデータの分布（吉田, 1998, p. 75 に基づく）

とになりますが、2つのテストの関係の強さが視覚的に理解できるでしょうか。TEAPとセンター試験の相関が高いということは、どちらか一方で高得点をとった受験者は、もう一方のテストでもやはり高得点をとっている可能性が高く、逆にどちらかで得点の低かった受験者はもう一方の得点も低い可能性が高いことを示しています。

このように、相関は2つの変数の間に見られる関係の強さを表す目的で利用します。TEAPとセンター試験のように相関が高い場合には、一方の得点がわかればそこからもう一方の得点を予測することもできます。例えば、TEAPを受験した学習者の得点がわかっていれば、以下のような式（式6.1）を用意してセンター試験の予想得点を計算することが可能です。

式6.1　センター試験の得点 = aX + b

このように、Y = aX + b の形で一方の変数の数値からもう一方を予測する分析を、単回帰分析（simple regression analysis）と呼びます。式6.1のaは回帰係数、XはTEAPの得点、bは切片と呼ばれる値を指しています。用語が難しく感じるかもしれませんが、基本的には相関分析の延長線上にあると考えてよいでしょう。回帰分析には、単回帰分析だけでなく、2つ以上の変数から1つの変数を予測する重回帰分析（multiple regression analysis）もあり、以下のような式（式6.2）で表すことが可能です。

式6.2　$Y = a_1 X_1 + a_2 X_2 + a_3 X_3 ... + b$

重回帰分析を用いると、例えば文法テストの得点と語彙テストの得点からリーディングテストの得点を予測するといったことが可能となります。このような場合、式6.3のように表すことが可能です。a_1, a_2 は偏回帰係数と呼ばれる指標、X_1 は文法テストの得点、X_2 は語彙テストの得点、bは切片を表しています。

式6.3　リーディングテストの得点 = $a_1 X_1 + a_2 X_2 + b$

変数同士の関係の強さを利用した分析に、因子分析（factor analysis）が

表6.7 関連性の強さを利用した統計分析

	特徴
相関分析 (ピアソンの r など)	2つのデータ間に見られる関係の強さを算出する
回帰分析 (重回帰分析など)	ある変数の値をもとに別の変数の値を予測する
因子分析	関係の強い変数同士をまとめ、背後にある因子を推測する

あります。因子分析とは、複数の変数間の相関がそれぞれどのようになっているかを分析し、互いに関係の強い変数同士をグループにまとめ、それぞれのグループの背後にある因子（factor）を見つけ出す手法です。因子分析は、質問紙を用いたデータの分析などによく用いられる手法で、例えば動機づけに関する質問の回答を対象に因子分析を行い、どのような因子が抽出されるか、つまりどの質問項目同士が同じ因子のもとにまとめられるかを調べることが可能です。

以上、関連性の強さを推測する統計分析について概観しました。それぞれの分析の特徴を端的に表したものが表6.7です。

4.2.2　差の有無を推測する

量的データ分析には、変数間の関係（相関）の強さを調査するものの他に、変数間の差の大きさを対象とするものがあります。差の大きさの比較については4.1.2の記述統計の説明でもすでに触れましたが、推測統計においても同じくデータの中心（例：平均値）とばらつき（例：標準偏差）を用いて計算します。基本的には、標本の間に見られる差は母集団にも見られるものなのか、それとも標本抽出で生じる誤差の範囲内なのかを判定する分析と言えます。

差の有無を推測するとき、A組とB組の比較のように、異なったグループ（グループ間）を比較する場合と、A組における1回目と2回目のテストの比較のように、同じグループ内での比較を行う場合とで、分析の手法が異なります。それぞれについて見ていきましょう。

表 6.8　A 組と B 組

	A 組	B 組
平均値	12.7	9.6
標準偏差	2.8	2.8

(1) グループ間の差

4.1.2 で登場した A 組と B 組のデータをもう一度見てみましょう（表 6.8 を参照）。この 2 つのクラスは、一定期間それぞれ異なる指導法で授業を受け、その後に実力テストを受けたと仮定しましょう。A 組のほうが B 組よりも平均で 3.1 点高かったわけですが、この結果から、A 組に行った指導法が B 組に行ったものより優れていると言ってもよいでしょうか。

2 つのグループ間の平均値の差を扱う推測統計には、対応のない（独立した）t 検定（independent-samples t-test）を用いるのが一般的です。少し回りくどい言い方になりますが、t 検定の考え方は次の通りです。

> A 組と B 組の平均の間に見られる 3.1 点という差は、同じ母集団から抽出した 2 つの標本の間に見られる誤差の範囲内なのか、同じ母集団から抽出された標本とは言えないのか（つまり別の母集団に属する標本と考えられるのか）を判定する。

標本で観察された差が誤差の範囲かどうかを判定するために、t 検定ではその差が誤差の範囲内である確率を算出します。これを有意確率と呼び、p 値（p-value）という指標で表されます。慣例で、p 値が .05 未満であったとき、この差は偶然とは言えない（2 つの標本の間に見られる誤差の範囲ではない）と解釈し、これを「有意差がある」と呼びます。A 組と B 組の得点で t 検定を実施したところ、t 値は 4.26, p 値は .001 より小さい値となりました。p 値が .05 未満であるため、有意差があり、この 2 クラスは同じ母集団には属していないと解釈することになります（無作為抽出が行われていないことに目をつぶっていることは上述の通りです）。

ここでは t 検定を用いて 2 つのグループ間の差を見ましたが、3 つ以上のグループ間の差の有意性を推測することも可能です。その場合には被験者間計画（between-subjects design）の一要因分散分析（one-way analysis of variance; ANOVA）を用います。

（2）グループ内の差

　差の比較はグループ間だけを対象にするわけではありません。同じグループに複数のテストを実施し、その差を調査するといった研究も数多く行われています。例えば、あるグループを対象に時間制限のある英作文テストを実施してから、一定期間ライティングの指導を行い、その後もう一度時間制限のある英作文テストを行い、総語数や語彙の多様性、文法的正確性といった指標を用いて2度のテスト結果を比較するといった研究が可能です。

　このように、同じグループで収集した2回のデータを比較するときには、対応のある t 検定（paired-samples t-test）を使います。基本的な考え方は独立した t 検定と同じですが、計算式が多少異なります。また、同じグループから3回以上のデータを収集した場合には、被験者内計画（within-subjects design）の一要因分散分析を用います（繰り返しのある（repeated-measures）分散分析という呼び方もあります）。

（3）混合計画

　再び A 組と B 組に話を戻します。対応のない t 検定の結果、2 グループのテストの平均点の間には有意差があったことは先ほど見ましたが、この結果をもって「A 組に実施した指導法は B 組に実施した指導法より効果があった」と言ってよいでしょうか。答えは否です。なぜなら、2.2 でも述べたように、指導後のテストの結果だけでは、指導を実施する前に元々 A 組のほうが成績がよかった可能性を否定できないからです。2つのグループに前もって差が存在しないと考えるためには、先ほど紹介した無作為割付を行う方法もありますが、実際に存在するクラスを対象に研究を行う場合にはそれも難しいでしょう。

　対応のある t 検定を行ったライティング指導の例も見てみましょう。指導前と指導後で英作文の総語数が有意に増えていたとしたら、これは指導の効果を示していると解釈してよいでしょうか。答えはやはり否です。もしかしたら何も指導がなかったとしても2回目の英作文では語数が伸びるのかもしれませんし、指導の他にも語数が伸びる原因があった可能性を

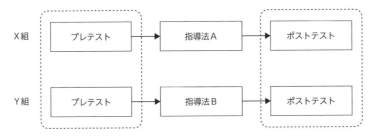

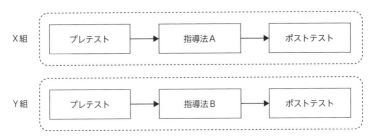

図 6.9　混合計画のイメージ

否定できないからです(成熟効果や練習効果を思い出してください)。

　このように、英語教育研究において被験者間または被験者内計画を用いて因果関係を検証するのは容易ではありません。この問題は、図 6.9 で示されたような混合計画(mixed-design)という研究デザインを利用することで解決できます。混合計画とは、被験者間計画と被験者内計画を組み合わせたものです。一番シンプルな例だと、2 つのグループ(仮に X 組と Y 組とします)に 2 回のテストを実施します。まず 2 つのグループに同じテスト(プレテスト)を実施します。その後、X 組には研究課題の中心となる指導法 A を実施し(実験群と呼ぶことが多いです)、Y 組には別の指導法 B を実施する(この場合対照群と呼びます)、もしくは何も指導をしない(この場合統制群と呼びます)という風に 2 つのグループ間で差を作ります。指導が終わったあとで、もう一度 2 つのグループに同じテスト(ポストテスト)を実施し、その結果を二要因混合計画分散分析(two-way mixed-design ANOVA)で分析します(図 6.9 を参照)。

　図 6.10 (p. 162) に架空のデータを用意しましたが、このように 2 x 2 (各

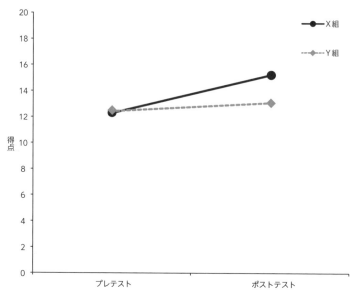

図 6.10　X 組と Y 組

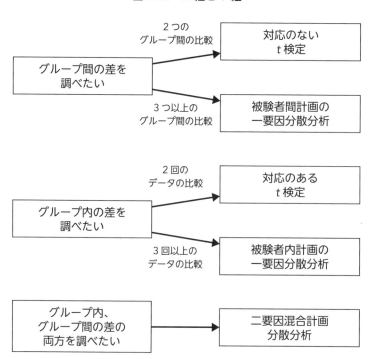

図 6.11　差の有無を検討する際に使用する推測統計の例

グループのプレテスト、ポストテスト）の 4 つの平均点（と標準偏差）を比較することになります。二要因混合計画分散分析では、2 つの主効果（main effects, 被験者間の差と被験者内の差）の他に交互作用（interaction）が算出されます。交互作用とは、2 つの要因の組み合わせについての指標であり、二要因混合計画分散分析の際に注目すべきポイントになります。交互作用が有意ということは、2 つの指導法（または指導の有無）が 2 つのグループのプレテスト・ポストテストの成績の変化に異なった影響を与えたということを示します。交互作用が有意であり、X 組のテストの成績の伸びが Y 組のそれよりも大きい場合、X 組に対して行った指導法に効果があったと言うことができます。図 6.10 において、プレテストとポストテストの成績を比較すると、Y 組の伸びと比べて X 組の伸びのほうが大きいことがわかります。交互作用が有意であれば、X 組に対する指導のほうが、Y 組に対する指導より効果があったと主張することができます。

　以上のように、差の比較には、グループ間のもの、グループ内のもの、そしてその 2 つを組み合わせたものの 3 種類があります。図 6.11 はそれぞれの場合に使用する推測統計の例をまとめたものです。研究課題に応じて適切な研究デザインおよび分析手法を選択するようにしましょう。

4.2.3　パラメトリック検定とノンパラメトリック検定

　ここまで、相関から混合計画の二要因分散分析まで様々な推測統計の方法を紹介してきましたが、これらは平均値と標準偏差、それに標本サイズ（人数）の 3 種類の数値を使って計算されるものです。このように、データの要約を平均値や標準偏差を用いて行う統計をパラメトリック検定と呼びます。パラメトリック検定とは母集団が正規分布していると仮定して行う分析なので、厳密にはすべての標本が正規分布している必要があります（正規分布とは、平均を中心に左右対称で、図 6.12（p. 164）のような形をした分布を指します）。もし正規分布していないデータを扱う場合には、データを順位や頻度といった形に変換して行うノンパラメトリック検定を選択することもあります。

　ノンパラメトリック検定も含め、この章で紹介されたデータ分析法について詳しく解説した書籍はたくさん出ています。ここでは、英語教育に直接関係するものとして竹内・水本（2014）を紹介します。この章では扱っ

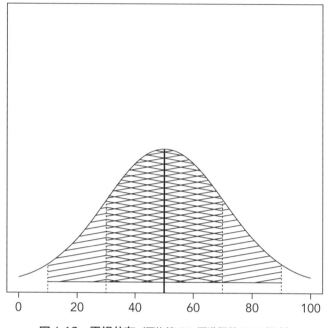

図 6.12　正規分布（平均値 50, 標準偏差 20 の場合）

ていない分析法も含めて網羅的に解説されていますので、ぜひ手にとってみてください。

5 どのようにデータを解釈するのか

　前節では、手元のデータを平均値や標準偏差などの値に要約する記述統計や、手元のデータから推測統計を用いて一般化する方法について述べました。しかしながら、データの傾向を理解する方法はこれだけではありません。1つの例として、データを図（グラフ）に表すことがあります。データを可視化することで、数値だけではわかりにくいデータの特徴を視覚的に把握することができます。

　また、近年では、推測統計の結果だけでなく、効果量（effect size）や信頼区間（confidence interval）と呼ばれる指標を明記する必要性も強調されるようになってきました。本節では、データの可視化、効果量、信頼区間の3つについてその必要性と基本的な考え方を見ていくことにします。

5.1 データの可視化
5.1.1 様々な可視化の方法

データを可視化する方法は多様です。本章でも、説明する概念に合わせて、すでに様々な形でデータの可視化が行われてきていることに気づいたでしょうか（図 6.4, 6.5(p. 152), 6.8(p. 156), 6.10(p. 162)を参照）。

例えば、ある実験の予備調査として、1つのグループを対象に処遇を与え、プレテストとポストテストを行った結果、表 6.9 のようなデータが得られたとします。このデータをどのような図やグラフに表すことができるでしょうか。以下では、草薙（2014）を基に、表 6.9 のデータを用いて代表的な可視化の方法について概観します。

表 6.9　サンプルデータ

プレテスト	ポストテスト
65	44
39	88
74	54
67	84
63	31
35	82
63	95
56	95
52	86
77	78

(1) 棒グラフ

図 6.13（p. 166）は棒グラフ（bar chart/graph）です。棒グラフには、ある時点における平均値などの代表値が記載されます。そのため、ある時点におけるグループ間のデータの比較や、同一グループ内での時間の変化に伴うテスト間のデータの比較に向いていると言えます。図 6.13 ではプレテスト、ポストテストの平均値が示されています。

棒グラフは英語教育に限らず様々な分野で頻繁に使われるグラフであり、馴染み深い上に、エクセルなどの表計算ソフトウェアでも手軽に作成が可

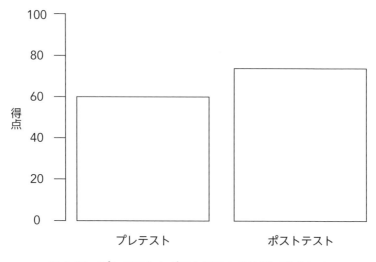

図 6.13　プレテストとポストテストの比較（棒グラフ）

能です。しかしながら、棒グラフに記載されるデータは、一般的に平均値などの1つの代表値のみであり、データのばらつき具合については可視化されていません。そのため、図から読み取れる情報量は決して多いとは言えないでしょう。

(2) ヒストグラム

図 6.14 はヒストグラム（histogram; 度数分布図）です。ヒストグラムでは、度数分布が視覚的に表されています。図 6.14 を見ると、プレテストでは 60 点から 70 点の点数をとった学習者が 4 名いることや、ポストテストでは 80 点から 90 点の点数をとった学習者が 4 名いることがわかります。

　ヒストグラムは、データの分布の形状が視覚化されるため、各データの分布の特徴を把握しやすい図であると言えます。研究発表時に掲載するかどうかは別にしても、量的データを収集したときにはヒストグラムを作成して分布の形状を確認するとよいでしょう。一方で、平均値や中央値などの代表値のデータは視覚化されないことに注意する必要があります。

(3) 箱ひげ図

図 6.15 は箱ひげ図（box plot）です。一般的な箱ひげ図では、データの

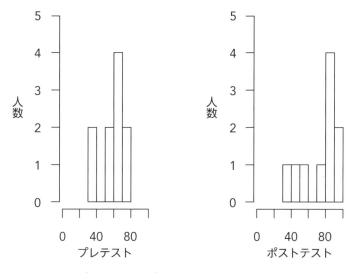

図6.14 プレテストとポストテストの比較（ヒストグラム）

最小値、第一四分位点、中央値（第二四分位点）、第三四分位点、最大値が表されています。四分位点とは、データを大きさ順に並べたときに、四等分する位置の値を指します。箱ひげ図の箱の下辺が第一四分位点（データを大きい順に並べた時の下から25%の点）、箱の中の横線が中央値、箱の上辺

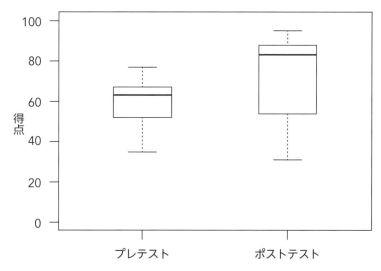

図6.15 プレテストとポストテストの比較（箱ひげ図）

が第三四分位点（データを大きい順に並べた時の下から 75% の点）を指します。また、箱ひげ図の上限の横線が最大値、下限の横線が最小値を指します。データによっては外れ値も表されます。

　箱ひげ図は、最大値、最小値、中央値などの代表値に加えて、データの分布の範囲が視覚化されており、情報量が多い図であると言えます。そのため、特に差の比較を行うときには、棒グラフよりも箱ひげ図の使用が推奨されています（Larson-Hall, 2012）。

(4) 散布図

　図 6.16 は散布図（scatter plot）です。散布図は 2 つの変数の対応関係を表すのに適した図です。相関を表す際によく用いられる図ですが、相関に限らず、2 つの変数の関係を表すときに用いることが推奨されています。草薙（2014）は、散布図からより効果的に情報を得るために、状況に応じて様々なタイプの補助線を活用できると解説しています。例えば、図 6.16 では、対角線よりも上のデータはプレテストよりもポストテストのほうが得点の高かったデータを表しています。対角線よりも下のデータはプレテストよりもポストテストで得点の下がったデータを表しています。

　また、3 つ以上の変数を扱う場合には、3 つの変数の関係を表す散布図

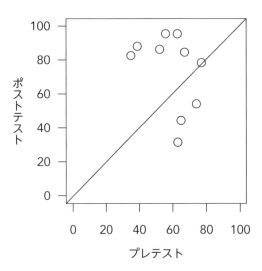

図 6.16　プレテストとポストテストの比較（散布図に対角線を引いた例）

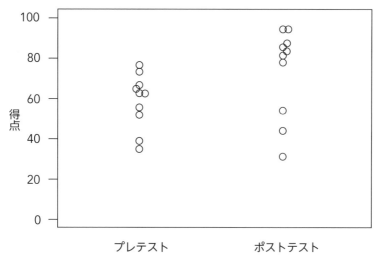

図 6.17　プレテストとポストテストの比較（蜂群図）

がそれぞれ記載された、散布図行列と呼ばれる図を作成することが推奨されています（草薙, 2014）。

(5) 蜂群図

　図 6.17 は蜂群図（beeswarm plot）です。データの範囲が視覚化されているという点は、箱ひげ図と似ています。箱ひげ図と異なるのは、個別のデータがすべて提示されている点です。そのため、データの個々の値をもってばらつきの度合いを可視化することができます。

　蜂群図では、平均値や中央値など、要約されたデータの値は示されません。そのため、より情報量の多い図にするために、箱ひげ図と蜂群図を合わせて図示する方法もあります。

5.1.2　データを可視化する際の注意点

　どのような可視化が効果的かは、分析するデータによって異なりますが、いずれの場合も、情報量が多くなるような可視化を心がけるようにしましょう。特に、データの代表値だけでなく、ばらつきの度合いがわかるような可視化を心がけるとよいでしょう。そして、簡潔で明確な図を作成し、図の細部まで気をつけて描画するようにしましょう（草薙, 2014）。

また、図の多くはエクセルでも描くことができますが、細部の設定に注意をする必要があります。5.1.1 で描画された図は、R（https://cran.r-project.org/）という無料の統計ソフトを使用して作成されています。R は統計分析を行うソフトウェアであると同時に、優れた図を比較的簡単に作図できるソフトウェアでもあります。

5.2　効果量

効果量とは、「効果の大きさをあらわす統計的な指標」（大久保・岡田, 2012, p. 44）と定義されます。効果量には、差の大きさについて記述する d 族の効果量と、関係の大きさを記述する r 族の効果量があります。近年では、t 検定などの推測統計の分析結果に加えて、効果量の算出と明記の重要性が強調されるようになってきましたが、それは一体なぜでしょうか。以下では、効果量を算出する必要性と効果量の持つ特徴について、具体的な事例を交えながら見ていきます。

5.2.1　効果量を算出する必要性

t 検定や分散分析などの推測統計によって得られる結果は、標本サイズの影響を受けることが知られています。推測統計における有意差の判定には p 値が用いられますが、この値は、標本サイズが大きくなればなるほど小さくなるため、その影響で有意差が得られやすくなる傾向があることが知られています（水本・竹内, 2008）。

仮に、ある指導法 A が、学習者の未知語の学習に効果があるかどうかを調査したいとします。この研究課題を調査するために、指導法 A を行うグループと行わないグループを設定し、事前と事後でテストをすることで効果の比較を行い、二要因混合計画分散分析（p. 161, 図 6.9 を参照）を用いてその結果を分析する、という研究デザインを考えたとしましょう。

このような研究では、例えば、100 人の学習者を対象とした場合と 10 人の学習者を対象とした場合とでは、まったく同じ平均値、標準偏差が得られたとしても、前者では有意差が見られ、後者では有意差が見られないということが起こり得るのです。そのため、実際には差がなくても、標本サイズが大きいために有意差が得られる場合があったり、実際には差があるにもかかわらず、標本サイズが小さいために有意差が得られない場合が

あったりします（水本・竹内, 2008）。ゆえに、標本サイズに影響を受けない指標が必要になります。

5.2.2 効果量の特性

効果量の性質について具体的な例を交えて見ていきましょう。例えば、d族の効果量の1つにGlassのΔ（デルタ）と呼ばれる指標があります。この値は、以下の様な計算式（式6.4）によって表されます。

$$式6.4 \quad \Delta = \frac{実験群の平均値 - 統制群の平均値}{統制群の標準偏差}$$

式6.4からわかるように、GlassのΔとは実験群と統制群の平均値の差を統制群の標準偏差で割った値です。つまり、平均値と標準偏差の値から算出される値であり、標本サイズの影響を受けないことがわかります。GlassのΔに限らず、効果量は、標本サイズの影響を受けずに効果の大きさを測定するのに適しています。そのため、同一の平均値、標準偏差が得られていれば、標本サイズの大小にかかわらず、算出される効果量の値は同じです。

また、研究によっては、αという尺度で測定された研究Aの結果と、βという尺度で測定された研究Bの結果を比較したいということがしばしばあります。しかしながら、測定の単位が異なれば、研究結果を直接比較することは困難です。実は、このようなときにも効果量を求める利点があります。

GlassのΔを例にとると、この値は、「2グループの平均値の差が統制群の標準偏差何個分か」ということを示していることがわかります。つまり、GlassのΔの場合、平均値と標準偏差を算出できれば、元のデータの単位にかかわらず、「平均値差が統制群の標準偏差何個分か」という同一の指標での比較が可能になります。そのため、GlassのΔの値を比較することで、複数の研究間の差の大きさを直接比較することが可能です。もちろん、研究Aの効果量と研究Bの効果量の数値のみを比較して単純に結果を解釈するのではなく、研究が行われた条件や変数の特性について考慮しながら慎重に検討する必要があります。GlassのΔにかかわらず、効果量は、測定する変数の単位に依存しないという性質があります。

本書では、効果量の一例として Glass の Δ を紹介しましたが、d 族の効果量、r 族の効果量にも様々なものがあり、どのようなときにどのような効果量を算出するべきかを知る必要があります。水本・竹内（2008）はこの点について詳しいガイドラインを提示しており、効果量を算出する上で参考になります。また、水本・竹内（2008）が示している効果量について具体的な計算方法を知りたいときには、大久保・岡田（2012）を参照するとよいでしょう。

5.3　信頼区間

効果量とともに、近年記載が推奨されているものに、信頼区間があります。以下では、信頼区間を明記する必要性や、信頼区間の基本的な算出方法について概観します。

5.3.1　区間推定の必要性

推測統計では、調査したい母集団について、標本となるデータを収集し、収集したデータから母集団について推定するという手法をとることを第 2 節で述べました。例えば、ある母集団の平均値（母平均）を知りたい場合、手元のデータから得られた平均値をもって母平均を推定するという考え方をします。この考え方に則ると、推定される母集団の値（母数）は、収集されるデータの影響を強く受けることに気づくでしょう。

仮に、英語が得意な中学 3 年生における受容語彙の知識についてデータを収集したいとしても、A 中学校で収集する場合と B 中学校で収集する場合では得られるデータが変わるでしょう。もし A 中学校のデータと B 中学校のデータのばらつきが大きければ、それぞれの値から推定された母数についてもばらつきが大きくなります。そうなると、推定された値が信頼に足るものにはならない可能性が出てきます。

このようなことを避けるためには、母集団のデータを 1 つの点ではなく、ある程度の幅、つまり、区間で推定する方法が考えられます。このような考え方を区間推定と言います。「英語が得意な中学 3 年生」が何万人いるかはともかく、その受容語彙は個々人によって幅があり、データ収集時にそこそこの出来栄えだった学習者もいればベストパフォーマンスを発揮した学習者もいるでしょう。さらに、問われた語彙の使用頻度や綴りの長さ

などによっても誤差があるはずです。仮に2つの中学校のデータから1,200語という平均値が得られたとしても、点としてのこの値をそのまま「英語が得意な中学3年生の受容語彙の知識」の母平均とみなすのはかなり危ういということがわかります。もちろん、区間で大雑把に推定しておけば安心ということではなく、必要十分なデータに基づいてその推定を狭めることが大事なのです。同じ平均値のデータでも、分析の結果、英語が得意な中学3年生の受容語彙は「600語程度から1,800語程度」と言うより、「1,000語程度から1,400語程度」と言えるほうが推定の精度が高いわけです。

5.3.2 信頼区間の基本的な算出方法

信頼区間とは上記の区間推定を踏まえたもので、「あらかじめ定められた確率で母数を含む区間」（大久保・岡田, 2012, p.118）と定義されています。「あらかじめ定められた確率」は信頼水準と呼ばれ、多くの場面において95%が用いられます。そして、「95%の確率で母数を含む区間」は95%信頼区間と呼ばれます。

信頼区間は、平均値などの母数の推定値に誤差の範囲を考慮して算出されます。区間を推定するため、区間の上限値と下限値が算出される点が特徴的です。

効果量同様、信頼区間の求め方も1つではなく、条件によって算出方法が異なります。そのため、どのようなときにどのような方法で信頼区間を算出するべきかを知る必要があります。この点においては、大久保・岡田（2012）が参考になります。

5.4 結果をどのように考察するのか

データを収集し、分析したら、設定した研究課題に対する答えを導き出していきます。以下の点に気をつけて考察を進めていくとよいでしょう。

(1) 仮説が検証されたかどうかを考える

得られた結果を整理し、設定された仮説が支持されたのか支持されなかったのかを明確にしましょう。また、仮説が支持された理由、支持されなかった理由も検討しましょう。

(2) 先行研究の知見と得られた結果を比較検討する

　自身の研究で得られた結果を先行研究と比較し、類似点や相違点を検討します。すでにわかっている当該分野の理論的背景と自身の研究結果を照らし合わせて検討してみましょう。また、自身の研究と類似した先行研究があるのであれば、結果の比較を行いましょう。先行研究で得られた結果と自身の研究で得られた結果に違いが見られた場合、その要因にはどのようなことが考えられるかを検討しましょう。

(3) 結果から導き出すことができる知見を考える

　得られた結果から、どのような知見が導き出せるかについて検討します。過剰な一般化は避け、論理の飛躍がないように注意する必要があります。また、研究の目的を再度確認し、研究目的と結果がねじれないようにする必要があります（第4章を参照）。研究から導き出せる知見と同時に、自身が今回行った研究では明らかになっていない点についても検討することで、今後の課題が明確化されます。

(4) 研究の過程でバイアスがなかったかを考える

　研究が行われた過程を振り返り、バイアスとなるようなことはなかったかも考えましょう。例えば、データの収集時に結果に影響を与えるようなことがなかったか、介入を行ったのであれば、介入時の状況が及ぼした影響はなかったか、評価の方法が何か結果に影響を及ぼしていないかなどを考えた上で、知見を導き出す必要があります。考えられるバイアスについてはきちんと把握し、研究の限界として明記するとよいでしょう。

6 さらに詳しく学ぶための参考文献

竹内理・水本篤（編）(2014).『外国語教育研究ハンドブック：研究手法のより良い理解のために 改訂版』東京：松柏社.

▶質的研究、量的研究の進め方について、本書よりさらに踏み込んで詳細に解説されています。本書の次に読み進める1冊としておすすめします。

📖 Dörnyei, Z. (2003). *Questionnaires in second language research: Construction, administration, and processing.* Mahwah, NJ: Lawrence Erlbaum Associates.［八島智子・竹内理（訳）(2006).『外国語教育学のための質問紙調査入門：作成・実施・データ処理』東京：松伯社.］

▶質問紙調査の具体的な手順について書いている本です。質問紙を用いて研究を進める際にはぜひ参考にするとよいでしょう。

📖 草薙邦広（2014）.「外国語教育研究における量的データの可視化方法：分析・発表・論文執筆のために」『外国語教育メディア学会中部支部外国語教育基礎研究部会 2013 年度報告論集』53-70.
Retrieved from: http://www.mizumot.com/method/05-01_Kusanagi.pdf

▶英語教育における様々なデータの可視化の方法について、具体的かつ詳細に述べられています。基本的な図表の作成の仕方だけではなく、図の情報量を増やす具体的な手法についても事例とともに解説されています。

📖 水本篤・竹内理（2008）.「研究論文における効果量の報告のために：基礎的概念と注意点」『英語教育研究』第 31 号, 57-66.
Retrieved from: http://www.mizumot.com/files/EffectSize_KELES31.pdf

▶効果量の報告についての考え方と選択方法が詳細に記述されています。特に、統計的仮説検定別に報告するべき効果量が示されている点が参考になります。

📖 大久保街亜・岡田謙介（2012）.『伝えるための心理統計：効果量・信頼区間・検定力』東京：勁草書房.

▶各効果量や信頼区間の算出方法について具体的に解説されています。水本・竹内（2008）の次のステップとして読むとよいでしょう。

第7章

研究成果の公表方法

- ☐ 自分の研究を他の人に知ってもらうにはどうすればいいの?
  - ▶ 1 どのように研究を発表するのか
- ☐ 書いた論文はすぐに学術誌に送ってしまっていいの?
  - ▶ 2 どのように論文を投稿するのか
- ☐ 論文は内容さえよければ形式は気にしなくてもいいの?
- ☐ 参考にした文献は論文の最後に箇条書きにしておけばいいの?
- ☐ せっかく論文を書いたのに他の人が読んでくれないのはどうしてなの?
  - ▶ 3 どのように論文を執筆するのか

1 どのように研究を発表するのか

　学術的な研究の目的は、その研究分野の発展に寄与することです。どんなに価値のある研究を行っても、公表しなくては、研究者の自己満足で終わってしまい、研究分野の発展に貢献することはできません。研究を行ったら、学会や研究会といった場で発表したり、論文としてまとめたりして、できるだけ多くの人に知ってもらうことを目指しましょう。本章では、研究の公表の方法に焦点をあてます。

1.1　発表の方法を知る

　研究の公表には、大きく分けて、研究会や学会における口頭発表と、学術誌への論文掲載の2種類があります（表7.1を参照）。

　研究会や学会における口頭発表の利点は、発表を聞いてくれた人からフィードバックを直接もらえることです。多くの学会では、発表時間とは別に質疑応答の時間を設けています。例えば、中部地区英語教育学会では通常、発表20分、質疑応答10分と設定されています。質疑応答の中で、自分が気づかなかった点や説明不足であった箇所を教えてもらえたり、次の研究のヒントをもらえたりします。しかし、聞き手は会場にいる人に限られるため、研究会や学会の期日、プログラムの内容、割り当てられた発表会場の位置などによっては、期待していた人に聞いてもらえないことも

表7.1　口頭発表と論文の特徴

	研究会や学会での口頭発表	学術誌への論文掲載
聞き手と読み手	聞き手は、会場に来た人のみで、限定的	読み手は、論文検索などで学術論文を手にした人で、多数
やりとり	インタラクティブ（その場で質疑応答を行う場合がある）	比較的一方的（読み手から問い合わせが来る場合がある）
制限	発表時間に制限がある	原稿の分量に制限がある
審査	多くの場合、審査がない	多くの場合、審査がある
資格要件	研究会や学会によっては、発表資格要件を満たすことが求められる	学術誌によっては、投稿資格として発行団体の会員であることが求められる
留意事項	発表申し込みの締切日が早めに設定されていることがある	投稿してから受理されるまで時間がかかる

あります。事前に発表内容の審査を経て受理されないと発表できない学会（例：外国語教育メディア学会）もありますが、国内の多くの学会では審査を設けていないところが多く、研究成果を発表しようと決断さえすれば、研究の公表が実現可能です。もちろん大会の前日に思い立ってすぐ発表できるというわけではありません。研究会や学会によっては、会員であることを発表資格の要件に設定していたり、発表申し込みの締切日が早めに設定されていたりすることがあるため、注意して手続きを行うことが必要です。

　一方、学術誌への論文掲載の利点は、比較的広範囲の人に対し研究成果を発信できることです。最近では論文検索システム（第3章2.2を参照）が充実してきたため、論文へのアクセスが容易になり、自分の書いた論文が人の目に触れる機会が以前より増えました。語数やページ数などで原稿の分量に制限が設けられていますが、口頭発表より詳しく研究の内容を伝えることができます。学術誌では多くの場合、査読という論文審査があります。論文審査は、複数の匿名査読者によって専門的な立場から掲載の可否を判断するもので、投稿しても不掲載という結果になることもあります。不掲載であったとしても、査読者から論文のよいところや問題点に関する貴重な意見をもらえます。掲載が認められたとしても、査読者の指摘に従って書き直しが必要なこともあります。論文を投稿してから受理されるまでには時間がかかりますが、そのプロセスは貴重な勉強の機会になります。また、口頭発表のようにその場でフィードバックを得ることは難しいですが、学術誌に論文が掲載された後、論文の読者から問い合わせが来る場合もあり、研究者としてのネットワークを広げることができます。

1.2　発表のルートを選択する

　研究の成果が得られた後の進め方には、大きく分けて、次の4つのルートが考えられます（p. 180, 図7.1を参照）。

　①の「パイロット・スタディ・パターン」は、口頭発表のみ行い、次の研究に進むルートです。このルートは、予備的研究の成果を発表し、本調査・実験のためのアドバイスを得たいときに選択します。また、論文の形にすることが難しい研究の場合も該当します。

　②の「口頭発表スキップ・パターン」は、論文執筆・投稿のみ行い、次の研究に進むルートです。このルートが該当するケースとして思いつくの

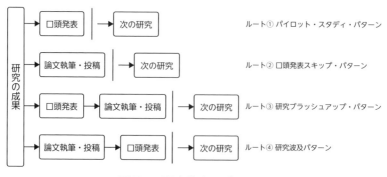

図 7.1　研究公表のパターン

は、他の研究者との交流を望まずに、独りで研究を進める場合ですが、実はそれだけではありません。例えば、多数の研究者が関わって進める研究プロジェクトの場合、プロジェクトのメンバー間で多面的に研究成果を検討することができますので、口頭発表はせずに、論文のみで公表を行ったほうがよい場合があります。あるいは、口頭発表の時間では十分説明しきれないと思われる研究の場合、口頭発表をスキップして、論文執筆に専念することもあります。

③の「研究ブラッシュアップ・パターン」は、最もよく選択されるルートです。論文を執筆する前に、研究成果の口頭発表を行い、専門分野の近い人と意見交換をして、論文作成の参考にします。もちろん、口頭発表と論文執筆を同時進行で進めていくこともよくあります。研究を始めたばかりの場合、論文として研究成果をまとめていく際の助言も得られますので、ルート③が推奨されます。

最後の④の「研究波及パターン」は、論文を執筆し、投稿してから、研究の成果を解説・報告するために口頭発表を行い、専門分野の近い人と意見交換をして、次の課題の示唆を得ようとするルートです。

これら4つのルートの中でどれが適切かは、一概には言えません。一人の研究者が常に同じルートを選択するわけではなく、研究のタイプ、目的、進捗状況などに応じて使い分けています。選択に迷ったら、ルート③を選ぶとよいでしょう。

口頭発表や論文執筆・投稿は、研究の成果がまとまった後で計画する場合もありますし、研究計画を立てる際に念頭に置く場合もあります。いず

れの場合も、研究会や学会についてよく調べることが必要です。学会のウェブサイトや、大修館書店の『英語教育』増刊号の学会紹介のページを閲覧したり、学会に詳しい教員や先輩に聞いてみたりするとよいでしょう。

1.3 研究会や学会について調べる

　初めて研究を公表する場合には、まず研究会や学会について調べてみましょう。表7.2 は、研究会や学会について調べるポイントをまとめています。

　ここでは、例として中部地区英語教育学会を取り上げます。まずは、学会のウェブサイト（http://www.celes.info/）を見て、学会の特徴が書かれているページを探します。「学会について」の項目にある「設立趣意書」によると、この学会が対象とする研究内容として、次の項目があることがわかります。

- 英語教育が果たすべき役割、特にその現代的意義
- 英語教育における教材の編成
- 教授法
- 英語教育が対象とする学習者の年齢・能力・心理
- 英語教育における学力観
- 学力の評価測定の方法
- 英語教育に携わる教員の養成・研修の問題

表7.2　研究会や学会について調べるポイント

ポイント	調べる内容
研究会・学会について	○趣旨は何か ○どのような人が会員になっているか ○どのような口頭発表の機会があるか ○学術誌は刊行されているか
研究発表の方法について	○口頭発表や学術誌への論文投稿のためには、会員であることが求められているか ○どのような内容の研究を公表できるか ○口頭発表・論文投稿をするためには、どのような手続きが必要か
入会について	○会費はいくらか ○どのような入会手続きが必要か

また、英語教育に関連ある諸科学（例：英語学、言語学、文学一般、教育学、心理学、教育心理学、言語心理学、大脳生理学、言語社会学、文化人類学、教育方法学、教育工学、システム工学等）を広く取り入れるとしています。
　ウェブサイトでは、学会の「会則」も読むことができます。「会則」の第3条には、「本会は英語教育、その他ひろく言語教育に関する研究を行い、学としての英語教育学の確立、ならびに発展をはかることを目的とする」と明記されています。また、第5条には、次のように書かれています。

> 第5条　本会はつぎのもののうち、入会を希望するものをもって組織する。
> 1. 中部地区において英語教育、その他ひろく言語教育にたずさわるもの、またはこれに関心をもつもの
> 2. その他、本会の趣旨に賛成するもの

　「中部地区」がどこを指しているのかについては、ウェブサイトの「役員名簿」のページを見てみると、愛知、石川、岐阜、近畿、静岡、富山、長野、奈良、福井、三重、山梨、和歌山といった地区が挙げられています。これらの「中部地区」において、英語教育や言語教育に携わる教員や研究者、あるいはそれらに関心のある人は会員になってよいということになります。さらに、居住地区・勤務地区が違っていたり、別の職業に携わっていたりしても、先述の学会の趣旨に賛同をする人であれば、入会してよいということになります。
　次に、「研究大会」のページを見ると、毎年1回、各地で研究大会を開催していることがわかります。今までに開催された研究大会のウェブサイトへのリンクがあるので、そこから日程やプログラム、申し込み方法などの詳細な情報を得ることができます。毎年、6月下旬の土日に研究大会が開催されています。
　最後に、「紀要」のページを見ると、毎年1回、『中部地区英語教育学会紀要』を刊行していることが確認できます。
　このように、学会のウェブサイトを確認してみるだけでも、自らの研究発表につながる情報を得ることができます。

1.4 口頭発表のポイントを押さえる

　学会や研究会で口頭発表を行う場合、特に初めて発表を行うような場合には、注意すべきことがあります。まず、口頭発表には通常、時間の制約があります。そのため、研究の背景から手順、結果、分析、考察までのすべてを余すことなく報告するということはできません。研究の要点を簡潔に説明するように心がける必要があります。これは、自分の研究をできるだけ詳しく丁寧に報告することが求められる論文執筆と異なる点です。

　口頭発表において最低限含めるべき内容は、次の5点です。

(1) 研究課題設定に至る背景
(2) 研究課題
(3) 主な結果
(4) 考察
(5) まとめ

　どのような人が自分の発表を聞いてくれるのかを考慮して、口頭発表の準備をすることが重要です。表7.3に、よい口頭発表のためのポイントを示しました。

　第1に、聞き手は発表者の研究に関心があります。ですから、自分がどのような研究を行ったのか、どのようなデータが得られたのか、どのような分析・解釈が可能なのか、明解に説明したいものです。発表時間の大

表7.3　よい口頭発表のためのポイント

聞き手の観点	発表のポイント
(1) 発表者の研究に関心がある	○「研究課題設定に至る背景」の説明は、できるだけ簡潔にする
(2) 初めて発表者のデータに接する	○特に注目してほしい研究結果を取り上げて、どのようにデータを読み取っているのか、どのように解釈しているのかを丁寧に説明する
(3) 発表者の発表の大枠を知らない	○必要に応じて、用語の定義や略語の説明を繰り返す ○発表の流れを明確にする ○発表資料を発表の流れに従ったものにする

部分を先行研究の説明だけに費やしている発表も見受けられますが、先行研究の説明は必要最小限にするべきです。

第2に、聞き手は、研究データに初めて接する人たちであることを考慮しましょう。研究結果の読み方やデータの意味の説明はできるだけ丁寧に行い、発表者の解釈が妥当であると聞き手に思ってもらえるように努めましょう。

最後に、発表者は聞き手の理解の度合いを考慮しながら発表することが重要です。聞き手が用語や略語を知らないことも多いため、用語の定義や略語の説明は丁寧に行い、多用は避けるべきです。プレゼンテーションソフトを使って発表する場合には、各スライドの位置づけがわかるように「発表の流れ」を示したスライドを作るとよいでしょう。また、発表には配布資料やスライド等を使いますが、途中でページをいったりきたりすることのないように、発表の流れに合わせたものを用意しましょう。また、実験で使ったテスト文やイラスト・写真などのサンプル、統計などデータ分析に関する細かい情報などは、発表中触れないとしても末尾に資料として用意しておくと、質疑応答の時などに参照できます。

2 どのように論文を投稿するのか

次に、研究を論文として学術誌に投稿したい場合、どうすればよいのかを見ていくことにします。学術誌は、「ジャーナル」、「研究論文集」、「研究誌」、「紀要」などと呼ばれ、複数の論文からなる定期的に発行される冊子を指します。主として、次のような学術誌が発行されています。

(1) 学会が発行する学術誌
(2) 大学等の研究機関が発行する学術誌
(3) 出版社が発行する学術誌

英語教育に関する学術誌は、日本の場合、(1)と(2)が中心になります。例えば、中部地区英語教育学会では『中部地区英語教育学会紀要』を発行していますが、これは(1)に該当します。信州大学教育学部は『信州大学教育学部研究論集』という学術誌を発行していますが、これは(2)に

該当します。海外の学術誌の場合、(3) に該当するものも多く見られます。主な学術誌については、第3章4節の参考資料を見てください。

　論文を書く前に、自分が投稿しようと考えている学術誌についてよく調べておきましょう。表7.4 には、論文投稿に関するよくある疑問と、その解決策をまとめています。

　第1に、自分の研究が受理してもらえるかという疑問をよく聞きます。まずは、学会のウェブサイトなどに掲載されている学会誌の趣旨を確認しましょう。例えば、『中部地区英語教育学会紀要』の投稿規定には、「<u>英語教育およびその関連領域に関する</u>、等しく学術的な価値を持つ『研究論文』と『実践報告・調査報告』を掲載する」（下線筆者）と書かれています。下線を付けた部分で、掲載する論文の内容は、英語教育と英語教育に関連する領域であることが求められています。したがって、例えば理論言語学の論文は、いくら学術的な価値の高い内容であっても、英語教育との関連が見出せなければ、掲載されないことになります。同様に、第二言語としてのフランス語教育をテーマにした研究論文も、英語教育との関連が薄ければ掲載されないこともあります。

　学会名から判断すると限定された領域を連想してしまいますが、実は幅広いトピックの論文を受けつけている場合もあります。例えば、外国語教育メディア学会は、学会名にメディアという語が含まれていますが、会則には「本会は、<u>外国語教育を中心とする言語教育の理論および方法</u>と、それに利用する教育メディアの研究をおこない、その分野の発展に寄与するとともに、会員相互の情報交換をおこなうことを目的とする」（下線筆者）と書かれており、下線を付けた部分を読むと、メディアを利用していない

表7.4　論文投稿に関するよくある疑問と解決策

よくある疑問	解決策
1. 自分の研究を受理してもらえるか	投稿しようとする論文が学術誌の趣旨と合っているか確認する
2. 学会に入らなくてはならないか	投稿資格を学会のホームページなどで確認する
3. 論文の原稿はどのように作成すればよいか	学会ホームページなどに掲載されている投稿規定や執筆要項を読み、指示に従って原稿を作成する
4. どのように投稿すればよいか	締切日と投稿方法を確認する

英語教育に関する研究も受け入れていることがわかります。

　第2に、学会員でないと投稿できないのかという疑問もよくあります。まずは、投稿資格を確認しましょう。学会によっては、論文を投稿するためには学会員になることを求めている場合があります。また、投稿する論文は研究大会で発表した研究に限るというような条件を設けている場合もあります。各学術誌ごとに規定は異なるため、よく確認しましょう。

　第3に、論文の原稿の作成方法について疑問を持つことがあります。論文の作成方法については、各学術誌の「投稿規定」や「執筆要項」を確認しましょう。これが最も重要なポイントです。次に示すのは、『中部地区英語教育学会紀要』の「執筆要項」の一部です。この例が示すように、学術誌の執筆要項には原稿の作成方法が詳しく書かれています。

『中部地区英語教育学会紀要』の「執筆要項」から

1. 論文の長さ
　図表、資料、引用文献など全てを含めて紀要出来上がり6ページ（または8ページ）とする。ページ数が規定違反のものは不採用となる。
2. 原稿書式
　原稿は横書きとし、原則として Microsoft Word A4 判で作成すること。左右 25mm 天地 25mm の余白をとり、1行全角 45 字（英文の場合は約 90 字）、46 行の書式を用いること。
3. レイアウト
　最初のページは第1（および第2）行に論文題名を、第3（および第4）行に論文題名の英訳または和訳を、第5（および第6）行に日本語または英語のキーワード3語を、第7および第8行に執筆者名を日本語およびローマ字で書くこと。論文本体は第9行目から始める。（英語での論文題名及び執筆者名の書き方は、英文書式を参照）また、新たに節を始めるときは、その前に1行入れること。
4. フォントと文字サイズ
　〔和文の場合〕
　論文題名（MS P 明朝体太文字 12 ポイント）、執筆者名、キーワード、本文、勤務校、注、引用文献（MS P 明朝体 10.5 ポイント）。なお、本文中の小見出し（MS P 明朝体太文字 10.5 ポイント）。また句読点は「、」

> 「。」を用いること。
> 〔英文の場合〕
> 論文題名（Century の Bold 体 12 ポイント）、執筆者名、キーワード、本文、勤務校、注、引用文献（Century 10.5 ポイント）。なお、本文中の小見出し（Century の Bold 体 10.5 ポイント）。
> 　　　　　　　　　　　　　　　　　　　　　　　　（後略）

　投稿規定や執筆要項は年度ごとに変更される可能性がありますので、常に最新のものを手に入れるようにしましょう。規定に従わずに原稿が作成されている場合、査読に回されないこともあります。

　第4に、いつ、どのように投稿すればよいかについては、締切日と投稿方法を確認しましょう。学術誌によって、締切日を設けている場合とそうでない場合があります。例えば、『中部地区英語教育学会紀要』は毎年8月31日が投稿の締切日です。論文審査を経て、翌年の2月末ごろに発刊されます。国内の英語教育に関する学術誌は、多くの場合、投稿の締切日を設定しているため注意が必要です。投稿の締切日が決められている学術誌は、編集日程が比較的固定されており、論文審査に基づく再提出の期限も細かく決められていることがあります。学術誌は、採用された論文をすべて掲載することになります。そのため、論文の採用が決まると、自分の論文が掲載される学術誌がいつ発行されるのかを予測できます。

　一方で、随時投稿を受けつけている学術誌もあります。例えば、全国語学教育学会（JALT）が発行する *JALT Journal* は、締切日を特に設けてはいません。また、海外の学術誌の多くは、締切日を設定していません。随時投稿を受けつけている学術誌の場合、論文審査の期間は不定です。一度の論文審査で採用が決まる場合もあれば、何度も論文審査が繰り返される場合もあります。また、採用が決まったとしても、すぐに学術誌に掲載されるわけではありません。

　投稿方法も、学術誌によって細かく決められているため、よく調べておきましょう。『中部地区英語教育学会紀要』の場合には、投稿論文のファイルデータを電子メールで提出することになっています。また、投稿申し込みは学会のウェブサイトで行うことになっています。

3 どのように論文を執筆するのか

3.1 よい論文の特徴を押さえる

よい論文には、(a)学術的・教育的価値がある、(b)興味をそそる、(c)わかりやすいという特徴があります。これらの特徴を考慮して、論文の読者を意識しながら執筆することが重要です。

よい論文の3つの特徴は、学術誌の審査の観点とも重なります。ある学会誌における下記の8つの論文審査の観点を見ていきましょう。

(1) 読者の興味・関心に合った内容
(2) 提示された問題の適切さ
(3) 先行研究提示の適切さ
(4) 研究の枠組み、手法、手続き
(5) 議論・分析と結論
(6) 論文執筆力
(7) APAスタイル準拠
(8) 総合的にみた論文の質

「学術的・教育的価値がある」論文は、(2)提示された問題の適切さ、(3)先行研究提示の適切さ、(4)研究の枠組み、手法、手続き、(5)議論・分析と結論の観点で優れている論文であると言えるでしょう。また、「興味をそそる」論文は、(1)読者の興味・関心に合った内容という観点に相当します。「わかりやすい」論文は、(6)論文執筆力や、(7)APAスタイル準拠の観点に当たります。これらの観点で高い評価が与えられると、(8)の総合的にみた論文の質が高いと判断されるでしょう。

「APAスタイルって何？」と疑問に思った人がいるかもしれません。これは、アメリカ心理学会（American Psychological Association, APA）が発行する、論文の書き方に関するマニュアル（APAマニュアル）に示された書式を指します。論文の読みやすさや書きやすさを高めるために作成されています。最新版は、2010年発行の *Publication Manual of the American Psychological Association* (6th ed.) です。もともとは、北米の心理学研

究で用いられていたものでしたが、現在ではかなり幅広い研究分野においてスタンダードとなっています。英語教育や応用言語学の領域においても、『中部地区英語教育学会紀要』を始め、国内外の学術誌の多くで採用されています。文献の引用方法だけでなく、論文の構成、句読法（ピリオド、コンマ、セミコロン、コロン、引用符など）、文字表記（大文字、イタリック体の使用など）、文法（時制や代名詞の使い方など）、統計（記号の書き方など）、図表の描き方など、論文執筆のすべての段階におけるガイドラインが提示されています。独自の執筆要項を規定している学会誌もありますが、「書式については、最新の APA に準拠すること」とだけ記されている場合も多いです。300 ページ近い冊子ですので、すべての内容を覚えておくことは無理でしょう。必要なときに、手軽に参照できる状態にしておくと便利です。また、APA のウェブサイトの中に、APA Style というページがありますので、こちらも参照してください（http://www.apa.org/）。

3.2 論文の構成を明確にする

　論文は、タイトル、要旨、本文、引用文献などで構成されています。表7.5 は、主な本文の構成と各セクションの目的を示しています。タイトルと要旨については 3.5 で、引用文献については 3.4 で説明します。

(1) 序論

　「序論」（Introduction）は、「はじめに」と書くことがあります。このセクションでは、読者の注意を自分の研究テーマに向けることが主たる目的になります。また、「序論」として、先行研究の概観や本研究の背景を書くことがあります。

表7.5　本文の構成と各セクションの目的

構成	目的
1. 序論	研究テーマを導入する
2. 先行研究	研究の意義を示す
3. 方法	研究方法の詳細を示す
4. 結果	本研究で得られたデータを読者にわかりやすく要約して示す
5. 考察	本研究の結果に基づき、研究課題に対する回答を示す
6. 結論	論文をまとめる

(2) 先行研究

「先行研究」(Previous studies) は、「問題の所在」、「先行研究の概観」、「本研究の背景」と書くことがあります。このセクションでは、関連する先行研究を概観し、先行研究で明らかとなっていない問題点を指摘し、本研究の目的や研究課題（研究仮説）を示します（書くべき内容の詳細は、第2章3節を参照）。研究の目的を示す際には、検証型なのか探索型なのかを明確にしましょう（第4章1節を参照）。

先行研究には、次のようなものがあります。

（1）理論・モデル・仮説に関する文献研究
（2）理論・モデル・仮説に関する実証研究
（3）本研究で用いる方法論に関する研究

理論・モデル・仮説に関する文献研究を概観する際には、対象としている構成概念の妥当性を明確に示し、研究対象に関する理論的背景（指導の優位性など）を十分記述しましょう。理論・モデル・仮説に関する実証研究を概観する際には、先行研究の問題を明確にして、研究テーマの絞り込みを十分にし、研究対象をはっきりさせることに留意しましょう（第1章2.3や第2章2.3を参照）。本研究で用いる方法論に関する研究の概観では、どのような研究方法やデータが研究課題（研究仮説）にとって適切なのかを示すことがポイントです。

(3) 方法

「方法」(Method) では、第三者が研究を再現し、研究結果の妥当性や信頼性を検討することができるように、研究方法を具体的に記述することが必要です（追試的確認の研究については、第3章3.4を参照）。英語教育に関する研究では、「方法」で記述したことを他の教育実践者が自分たちの児童・生徒・学生たちに対して実践できるようにするためにも、具体的・詳細な記述は重要です。一方で、学術誌が設ける論文の長さの制限のために、すべてを記載することができない場合もあります。必要かつ重要な情報を漏れなく記載するようにしましょう。「方法」のセクションの下位項目には、次のようなものがあります。

(1) 研究対象者（研究参加者）：どのような人やものを対象にして研究を実施したのか
(2) 研究計画や研究手順：研究のデザイン（事例研究、調査研究、実験研究など）はどれを用いたのか、どのように研究を進めたのか
(3) データ収集法：どのようなデータ収集法を用いたのか
(4) データ分析法：どのようなデータ分析法を用いたのか

(4) 結果

「結果」（Results）では、本研究で得られたデータを、読者にとってわかりやすいように要約して示します。研究のタイプによって、記載すべき情報が異なりますが、質的であっても、量的であっても、十分な情報提示が求められます。また、必要に応じて、図表を活用しましょう。図表の作り方や活用方法については、3.6 を参照してください。

事例研究の場合、分析の結果得られた発見を、できるだけ詳しいデータとともに示します。

調査研究や実験研究の場合、各群の研究対象者の得点などをすべて示すのではなく、記述統計量（平均値、標準偏差、各群の研究対象者数など）にまとめて提示します。また、分析のために用いた推測統計の情報（統計値、自由度、確率など。例、$t(30) = 2.042, p = .05$）と効果量を提示しましょう。

(5) 考察

「考察」（Discussion）では、結果に基づき、具体的な根拠を示した上で、解釈を行います。論文を読んでいると、話の流れに飛躍のある文章に出会うことがあります。「どうしてこう言えるんだ!?」と読み手の頭の中に疑問符がたくさん浮かぶような記述は不適切です。読み手が、「なるほどね」と思いながら読み進められるような文章を書くことを意識しましょう。

以下、量的研究と質的研究に分けて、考察の書き方のポイントを示します。まず、量的研究における考察においては、研究課題に対する回答を記述します。研究課題に対して、肯定的な回答が得られた場合、基づいた理論・モデル・仮説が妥当であったことを示唆すると同時に、当該研究の理論的な貢献を明示します。否定的な回答が得られた場合、次の可能性を検討しましょう。

(1) 研究の進め方に問題がある
(2) 理論・モデル・仮説に基づいたはずの研究仮説の導き方が間違っている
(3) 理論・モデル・仮説を修正する必要がある

(1) の場合には、もう一度、研究をやり直す必要があります。(2) の場合には、理論・モデル・仮説をもう一度精査し、導き出した研究仮説の妥当性を検討することになります。(3) の場合には、条件を加えたり、定義を精緻化したりして、先行研究の結果や本研究の結果を説明できるように理論・モデル・仮説を修正するか、新たな理論・モデル・仮説を構築することになります。

次に、質的研究における考察においては、結果の要約、結果の解釈に加え、広い視点から結果の意義（知見）を位置づけます。具体的には、知見は他のどの事例にどれくらい応用できるか（転用可能性）、知見を先行研究と比較して、どこが一致し、どこが一致していないか（一致していないところが新たに見出された可能性）などを述べます。

(6) 結論

「結論」(Conclusion) は、「結語」、「おわりに」と書かれることがあります。結論では、研究のまとめとして、研究から得られた知見を簡略に説明します。紙幅が許す場合には、(a)研究から得られた知見に基づく英語教育への示唆、(b)今後さらに研究が必要であると考えられる点の指摘や研究方法に関する示唆、(c)本研究の結果を一般化する際に留意するべき点などの限界点 (limitations) を書くことがあります。

本文の後に、「引用文献」が続きます。さらに、「資料」(Appendix/Appendices) を付けることがあります。紙幅が許せば、研究で使用したテスト項目、質問項目、教材などの資料を添付しましょう。

3.3　引用の方法を知る

論文を執筆していると、先行研究の内容を引用する (quote) ことがあります。また、先行研究に言及する (refer to) こともあります。引用とは、先

行研究の著者が書いたことをそのまま抜粋して紹介したり、先行研究の内容を自分の言葉で言い換えて記述したりすることです。一方、言及とは、先行研究の存在を示すことを指します。次は、英語学習動機に関する論文（酒井・小池, 2008）の冒頭部分です（p. 53）。

> 英語の学習動機とは、簡単に言ってしまえば、英語を学ぶ理由である。Dörynei（2001）によれば、動機は、「人の行動の方向性と強さ」に関するもので、人の意識を英語の学習に向かわせ、英語の学習を始めさせたり、その学習を維持させたりする原動力であるとされる（p. 8）。この動機が、どのようにして強まったり弱まったりするのかという問題は、教育的に重要な課題である（Dörynei, 1994; 池野, 2003; 中田, 2006）。

この部分では、引用と言及の両方が用いられています。引用は、Dörynei（2001）に基づき、動機の定義を紹介している部分です（「動機は、『人の行動の方向性と強さ』に関するもので、人の意識を英語の学習に向かわせ、英語の学習を始めさせたり、その学習を維持させたりする原動力である」の部分）。言及は、Dörynei（1994）, 池野（2003）、中田（2006）について書かれている部分で、動機に影響を及ぼす要因を明らかにすることが教育的示唆に富むという趣旨を述べている研究として、3つの先行研究が存在していることを示しています。

　引用とは、ある内容や考え方が他者のものであり、執筆者のものでない場合に、きちんとその旨を記載することです。引用の方法には、直接引用（direct quotation）と間接引用（indirect quotation）の2種類があります。いずれも、出典情報を明記する必要があります。

(1) 直接引用の方法

　直接引用とは、他の研究論文の文章をそのまま書き写すことです。執筆者の表現と区別するために、日本語では「　」で、英語ではAPAスタイルに従えば引用符 " " で、引用した部分を囲みます。引用符で囲まれた表現は、原典と齟齬のないように注意します。

　直接引用は、(a)理論・モデル・仮説を説明するときと、(b)構成概念の定義を紹介するときに用いると効果的です。理論・モデル・仮説の説明

や構成概念の定義は、論文の執筆者の言葉で言い換えてしまうと元々の意味が歪んで伝わってしまうことがあります。ただし、直接引用を過度に用いることは避けましょう。読みづらい文章となってしまいますし、読み手に対して、執筆者が先行研究をよく理解していないのではないかという印象を与えてしまうこともあります。

次の例は理論・モデル・仮説を説明するための引用です。2 行目以降が引用部分です。Long（1996）のインタラクション仮説についての説明を直接引用しています。数行にわたる長い引用ですので、元の文を 1 つの固まりとして引用するブロック引用を用いています。ブロック引用では、引用したい文を引用符で囲まず本文から切り離し、左側をインデントして、地の文と異なることを示します。APA スタイルでは、引用したい文が 40 語以上の場合に用いると決められています。

◆理論・モデル・仮説を説明するための直接引用の例
Long（1996）proposed the interaction hypothesis and stated:
> …environmental contributions to acquisition are mediated by selective attention and the learner's developing L2 processing capacity, and that these resources are brought together most usefully, although not exclusively, during negotiation for meaning. Negative feedback obtained during negotiation work or elsewhere may be facilitative of L2 development, at least for vocabulary, morphology, and language-specific syntax, and essential for learning certain specifiable L1-L2 contrasts. (p. 414)

次の例は構成概念の定義を紹介するための引用です。理論・モデル・仮説などを構成する要素を構成概念と言います（第 4 章 3.2 を参照）。例えば、動機づけに関する自己決定性理論（self-determination theory）では、「無動機」（amotivation）、「内発的動機」（intrinsic motivation）といった概念を扱います。こうした概念は、理論を構成する構成概念です。また、フィードバックの研究においてリキャスト（言い直し ; recast）という種類のフィードバックを研究対象とするとき、リキャストも構成概念になります。構成概念の定義については、先行研究の定義をそのまま引用することが多くあ

ります。

◆構成概念の定義を紹介するための直接引用の例
＜例1＞　日本語の場合
無動機は、「行動の意思が欠如した状態」(Ryan & Deci, 2002, p. 17) である。一方、内発的動機は、「興味や本質的な満足から活動を行っている状態」(p. 17) である。

＜例2＞　英語の場合
Recasts are defined as "utterances that repeat a learner's incorrect utterance, making only the changes necessary to produce a correct utterance, without changing the meaning" (Nicholas, Lightbown, & Spada, 2001, pp. 732-733).

(2) 間接引用の方法

　　間接引用は、元の文章を執筆者なりの表現に言い換えて記載する方法です。先行研究の内容を要約して紹介する場合に用います。「先行研究の概観」で、先行研究の結果や考察を紹介するときには間接引用し、要約して提示しましょう。次は、先行研究の1つを間接引用しながら紹介している例です。

◆間接引用の例
　　第2言語の学習に関して自己決定理論に基づく実証研究が数多く報告されているが、これらの先行研究の中でも本節では学習者の動機の変化を扱ったものについて紹介する。まず、廣森 (2003) は、英語学習の動機づけの変化を横断的に調査した。対象者は、高校1年生 (72名)、高校2年生 (68名)、高校3年生 (63名) であった。自己決定理論に基づく質問票は、5つの動機の種類（内発的動機、同一視的調整、取り入れ的調整、外的調整、無動機）に対して3項目ずつ計15項目を含み、5件法であった。クラスター分析の結果、各学年は3つのクラスターに分類された。学年が進むにつれて、外的調整が減少し、無動機が強いクラスターか、どの動機についても低く認知するクラスターか、受験などを控え英語の重要性を認識してい

るクラスターかに分かれたことが指摘された。(酒井・小池, 2008, p. 55)

　APA スタイルによれば、本文中に文献情報として、著者名と年号を記載します。上記の間接引用の例では、著者名と年号(廣森(2003))が提示されています。直接引用する場合には、ページ番号も記載します。先に挙げたインタラクション仮説についての引用の例では、Long (1996) だけではなく、p. 414 というページ情報も示されています。

　著者名は、同じ姓の異なる研究者を引用するのでなければ、姓のみ書けばよいことになっています。M. Long のように書くのではななく、Long と書くだけでよいということです。

　時として、自分自身の研究を先行研究として言及したいときがあります。この場合も第三者が書いた論文と同じように扱いましょう。

　次に挙げるのは、APA スタイルの引用の主な書き方の例です。引用方法のさらに詳しい方法については、APA マニュアルを参照してください。

APA スタイルの例(引用の書き方)

- 1 つのパラグラフ内で同じ文献に複数回言及するときには、2 回目以降は出版年を省略する。
　　1 回目:Sakai (2009) argued that … .
　　2 回目以降:Sakai also suggested … .

- 著者が 2 名の場合は苗字を and で結ぶ。ただしカッコ内の場合には & 記号を使う。
　　Urano and Tanaka (2008) argued that … .
　　" ………… "(Urano & Tanaka, 2008, p. 45).

- 著者が 3 〜 5 名の場合は、初出のときに全員の苗字を表記し、2 回目以降は筆頭著者 et al. と表記する。
　　1 回目:Urano, Tanaka, Watari, and Takagi (2008) argued that … .
　　2 回目以降:Urano et al. also suggested … .

- 同じ苗字の複数の著者がいる場合は、イニシャル＋苗字と表記する。
  R. Ellis（2002）and N. Ellis（2004）both argued that... .

- カッコ内に複数の文献を表記する場合は文献間にセミコロンを置く。また、出版年順ではなく苗字のアルファベット順に並べる。
  誤：...（Urano, 1998; Tanaka, 2003; Fujita & Takagi, 2008）
  正：...（Fujita & Takagi, 2008; Tanaka, 2003; Urano, 1998）

3.4　引用文献のリストを作成する

　本文で引用した文献の情報は、論文の最後に「引用文献」としてリスト化します。本文で言及したものも引用したものもすべて、引用文献として列挙しましょう。「参考文献」という言い方をすることもあります。「引用文献」は本文で触れた文献のみのリストとし、本文で触れていなくても参考にした文献もリストに含めていれば「参考文献」と表現して区別することがあります（第 3 章 2.2 を参照）。「参考文献」は、修士論文や博士論文などの学位論文において、作成を求められることがあります。

　引用文献のリストの書き方も APA スタイルで指示されています。以下に、いくつかの決まり事を紹介します。

APA スタイルの例（引用文献の書き方）

- （筆頭）著者の苗字のアルファベット順に並べる。

- 同じ著者の単著と共著がある場合、単著を先にする。

- 同じ著者の文献が複数ある場合、出版（発表）年の早い順に並べる。

- まだ刊行はされていないがすでに出版が決まっている文献については in press と表記する。

- 同じ著者の同じ出版（発表）年の文献が複数ある場合は、タイトルのアルファベット順に、年の後ろに a, b, c... と付けて並べる。

Sakai (2008a, 2008b, 2008c) ... .

- 本の場合：著者名は、「苗字＋カンマ＋スペース＋イニシャル＋ピリオド」。書名はイタリックにする。1語目の頭文字（とサブタイトルの1語目の頭文字）だけ大文字にする。最後に出版社の所在する都市名と出版社名を書く。

  Hawkins, R. (2001). *Second language syntax: A generative introduction.* Malden, MA: Blackwell.

- 学術誌（ジャーナル）掲載論文の場合：論文名はイタリックにしない。1語目の頭文字（とサブタイトルの1語目の頭文字）だけ大文字にする。雑誌名と巻数はイタリックにする。すべての語の頭文字を大文字にする。ページ番号はイタリックにしない。doi 番号がある場合には、doi 番号を記載する。

  Sakai, H. (2009). Effect of repetition of exposure and proficiency level in L2 listening tests. *TESOL Quarterly, 43,* 360-372. doi:10.1002/j.1545-7249.2009.tb00179.x

- 編者のいる本に収録された論文の場合：編者の表記法に注意する。ページ番号は書名の最後にカッコと pp. を付けて表記する。

  Swain, M. (1985). Communicative competence: Some roles of comprehensible input and comprehensible output in its development. In S. M. Gass & C. Madden (Eds.), *Input in second language acquisition* (pp. 235-253). Rowley, MA: Newbury House.

本書の引用文献は、APA スタイルに従って記載しています。また、日本語文献については、APA スタイルに準拠する統一した書式がありませんが、できるだけ APA スタイルに沿うように提示しています。次は、『中部地区英語教育学会紀要』の「執筆要項」で示されている例をもとに、引用文献の書き方についてのポイントを加筆したものです。ポイントは、•で示しています。

APAスタイルの例（日本語引用文献の書き方）

（ア）紀要等の論文集の場合：

　平野絹枝 (2004).「日本人大学生の読解におけるリコールテスト：性差の影響」『中部地区英語教育学会紀要』第33号, 239-246.
- 論文題目を「　」で囲む。
- 学術誌名を『　』で囲む。

（イ）単行本の場合：

　松川禮子 (2004).『明日の小学校英語教育を拓く』東京：アプリコット.
- 本の題目を『　』で囲む。
- 題目の後に、出版社の所在地と出版社名を書く。

（ウ）単行本の中の論文の場合：

　北弘志 (1994).「第5章3節 4技能の実際的指導法」片山嘉雄・遠藤栄一・佐々木昭・松村幹男（編）『新・英語科教育の研究 改訂版』(216-226頁). 東京：大修館書店.
- 編集された本の中の1つの章を取り上げる場合、該当の章のページを、本の題目の後の（　）の中で示す。

（エ）雑誌論文の場合：

　横田秀樹 (2014).「SLAの観点から考える していい『引き算』、避けたい『引き算』」『英語教育』2月号, 26-27. 東京：大修館書店.
- 題目に「　」が使われている場合、『　』に変える。

（オ）筆者が複数いる場合：

　渡邉時夫・森永正治・高梨庸雄・斎藤栄二 (1988).『インプット理論の授業：英語教育の転換をさぐる』東京：三省堂.
- 複数著者を中点でつなぐ。

（カ）同じ著者の同発行年の文献が連続する場合：

青木昭六 (1990a).『英語授業の組み立て：よりわかりやすく、より興味深く』東京：開隆堂出版.

青木昭六（編）(1990b).『英語授業実例事典』東京：大修館書店.

- 年号の後に a, b などのようにアルファベットをつけて区別する。
- 編著の場合には（編）のように記載する。

3.5 タイトルと要旨を工夫する

　タイトルや要旨は、論文や学会発表の「顔」であり、その論文を読むかどうか、発表を聞くかどうかを決めるためにまず目を通すものです。実際に読んだ論文や聞いた発表が、タイトルや要旨から想像していた内容と異なるためにがっかりするといった経験も少なくないでしょう。論文検索システムが発達した時代にあって、タイトルや要旨に、重要なキーワードを含めるということも必要になってきました。著者と読者、発表者と聴衆をうまく結びつけるためにも、研究内容を適切かつ効果的にタイトルと要旨にまとめることが重要です。さらに、発表可否決定の審査のある学会では、タイトルや要旨が審査対象となるため、研究業績を積み重ねるといった視点からも、よいタイトルと要旨の作成は極めて大切です。

　タイトルは、論文の要点を簡潔に、そしてわかりやすい言葉を用いて表現しましょう。タイトルだけを見て、どのような研究なのかがわかるものだとよいでしょう（第2章3.1を参照）。大仰すぎる題名は避けるべきです（白畑・若林・村野井, 2010, p. 240）。例えば、「日本語母語話者による英語習得研究」は、研究のテーマが絞り切れていない印象を与えます。また、多くの人の目に触れてもらうために、過度にセンセーショナルなタイトルを付けるのは効果的ではありません。「思っていたのと違う」、「期待はずれだ」と思われて逆効果です。次に示す(1)から(3)の例を見てください。(1)のタイトルも、大まかすぎて、何をした研究なのかよくわかりません。リスニングの指導法を概観した研究かもしれないし、リスニングの指導法の効果検証を行った研究かもしれません。あるいは、教室でどのようなリスニング指導法が行われているのかを調べた調査研究の可能性もあります。(2)は、リスニング指導を行った結果、リスニング力（特に、聴解力）が向上したのかどうかを検証した研究であると推測できます。(1)よりは、何

をした研究なのかがわかるタイトルです。ただ、「リスニングの指導」という表現は漠然としており、どのような指導をしたのかを明確にする必要があります。「聴解」という用語が用いられており、リスニングに関する研究であることは理解してもらえそうです。そこで、「リスニングの指導」ではなく、具体的に「ディクテーション」と表記したタイトルが(3)です。

(1) リスニングの指導法に関する研究
(2) リスニングの指導がL2聴解力の向上に与える効果
(3) ディクテーションがL2聴解力の向上に与える効果

APAスタイルでは、10～12語のタイトルを理想としています。そのため、A study of ...(「～の研究」や「～についての一考察」)といった、研究固有の情報を含まない語句は排除しましょう。また、読者や聴者に研究の意義をきちんと伝えるため、論文や口頭発表のタイトルは、今までに発表してきた自分の研究のタイトルとは異なるものにしたほうがよいでしょう。毎回、同じタイトルだと、同じ内容を繰り返し発表していると誤解されてしまいます。

要旨は、基本的に、論文本体と同じ構成・順序で述べるとよいでしょう。表7.6は、要旨の構造とポイントを示しています。

なお、要旨は、箇条書きではなく、文章化して記します。要旨の具体例を見てみましょう。次は、『中部地区英語教育学会紀要』に掲載された論文(酒井, 2001)に基づいて作成した要旨です。

<要旨の例>
本研究の目的は、第二言語学習者の発達段階と相互交渉における暗黙的

表7.6　要旨の構造とポイント

	構造	ポイント
1.	目的に至る背景	要旨全体の長さを調整するために、省略されることがある。
2.	研究目的	これが一番大事。できれば一文でビシッと決める。
3.	研究方法	できるだけ具体的に書く。
4.	主な結果	研究目的に直接関わる部分を中心に書く。
5.	結論・示唆	結果との結びつきを意識して書く。

フィードバックの1つである言い直しによって引き起こされる気づきの関係を調べることである。中学1年生9人が実験に参加した。コミュニケーション活動のあと、気づきについて言語報告をした。目標構造は、疑問文であった。結果によれば、同じ構造の言い直しが与えられても、学習者によって気づく内容は異なっていた。その違いは、学習者の発達段階によって影響を受けていることが指摘された。つまり、第二言語獲得の過程は、学習者の認知的要因によって統制されることが示唆された。

　この要旨を、表7.6に基づいて整理すると表7.7のようになります。
　語数（字数）制限がある場合、できるだけ制限値に近いところでまとめたほうがよいでしょう。短すぎると、論文そのものも、制限語数（字数）を埋められないほどの内容の薄い研究であると評価される可能性があります。
　口頭発表の要旨の場合、「結果は当日口頭にて発表する」という記述はできれば避けましょう。発表許可者選抜がある場合、落とされる理由になります。要旨を書く段階で細かい分析が終わっていない場合でも、主な結

表7.7　要旨の例の分析

要旨の構造	要旨の例	説明
1. 目的に至る背景		この例では触れられていません。
2. 研究目的	本研究の目的は、第二言語学習者の発達段階と相互交渉における暗黙的フィードバックの1つである言い直しによって引き起こされる気づきの関係を調べることである。	一文で書かれています。
3. 研究方法	中学1年生9人が実験に参加した。コミュニケーション活動のあと、気づきについて言語報告をした。目標構造は、疑問文であった。	研究対象者、実験手順、目標構造について書かれています。
4. 主な結果	結果によれば、同じ構造の言い直しが与えられても、学習者によって気づく内容は異なっていた。その違いは、学習者の発達段階によって影響を受けていることが指摘された。	主な結果が示されています。
5. 結論・示唆	つまり、第2言語獲得の過程は、学習者の認知的要因によって統制されることが示唆された。	

果だけでも載せるようにしましょう。

3.6 図表を工夫する

　論文の結果において、図表を用いて説明すると、読みやすさにつながります。以下の留意点に気をつけながら、図表を活用しましょう。

　第1に、図表を多く作りすぎないことに気をつけましょう。結果を表で示すよりも、本文中にそのまま記載したほうが分量をとらず、読みやすさを増すことがあります。また、図も言葉で説明したほうがわかりやすいことがあります。図表を用いるか、本文中に記述するか、読み手の立場に立ってよく検討しましょう。

　第2に、図表を示すだけでなく、図表の説明を文章で示しましょう。必ず本文中で図表について言及し、どんなことを示した図表なのか、また図表から何が読み取れるのかを記します。逆に言えば、本文中で言及されない図表は削除するべきです。図と本文の対応がわかりやすいように、図表に番号を付け、本文中に表1, 表2などのように示しましょう。

　第3に、図表には必ずタイトルをつけましょう。複数の図表がある場合、それぞれのタイトルは異なった表現にします。また、タイトルは簡潔に、わかりやすい表現にしましょう。表のタイトルは表の上に、図のタイトルは図の下につけるのが、APAスタイルの方法です。

　第4に、論文として出版された状態を意識して、図表を作成しましょう。多くの学術誌は、白黒印刷を採用しています。多くの色を使い分けた図表は、白黒で印刷されると見分けがつきづらくなることがあります。出版されたときに判別しやすいように、模様や線の種類で区別するとよいでしょう。

　図表の作り方についてもAPAスタイルで決められていることが多くあります。詳しくは、APAマニュアルを確認しましょう。

4 さらに詳しく学ぶための参考文献

アメリカ心理学会 (APA) (著), 前田樹海・江藤裕之・田中建彦 (訳) (2011).『APA 論文作成マニュアル 第 2 版』東京：医学書院.

▶論文執筆のためのマニュアルである *Publication Manual of the American Psychological Association* (6th ed.) を翻訳したもの。引用の仕方や引用文献の書き方から、図・表・グラフなどの書き方、統計処理の結果の表し方まで、研究論文を書くために必要な事細かなルールがすべて記されています。原著を購入しても、翻訳された本書を手元に置いておくのもよいでしょう。

引用文献

第1章

稲葉振一郎 (2009).『社会学入門:〈多元化する時代〉をどう捉えるか』東京:日本放送出版協会.

Nunan, D. (1992). *Research methods in language learning*. Cambridge University Press.

田中武夫・島田勝正・紺渡弘幸(編)(2011).『推論発問を取り入れた英語リーディング指導』東京:三省堂.

寺沢拓敬 (2015).『「日本人と英語」の社会学:なぜ英語教育論は誤解だらけなのか』東京:研究社.

吉田達弘・玉井健・横溝紳一郎・今井裕之・柳瀬陽介(編)(2009).『リフレクティブな英語教育をめざして:教師の語りが拓く授業研究』東京:ひつじ書房.

第2章

Bitchener, J. (2010). *Writing an applied linguistics thesis or dissertation: A guide to presenting empirical research*. Basingstoke: Palgrave Macmillan.

DeKeyser, R. M. (2007). *Practice in a second language: Perspectives from applied linguistics and cognitive psychology*. New York: Cambridge University Press.

Hinkel, E. (Ed.). (2011). *Handbook of research in second language teaching and learning* (Vol. 2). New York: Routledge.

伊丹敬之 (2001).『創造的論文の書き方』東京:有斐閣.

JACET SLA 研究会(編)(2013).『第二言語習得と英語科教育法』東京:開拓社.

川﨑剛 (2010).『社会科学系のための「優秀論文」作成術:プロの学術論文から卒論まで』東京:勁草書房.

Kim, Y., & Tracy-Ventura, N. (2013). The role of task repetition in L2 performance development: What needs to be repeated during task-based interaction? *System, 41*, 829-840. doi:10.1016/j.system.2013.08.005

King, G., Keohane, R. O., & Verba, S. (1994). *Designing social inquiry:*

Scientific inference in qualitative research. Princeton University Press.

Long, M. H., & Doughty, C. (Eds.) (2009). *The handbook of language teaching.* Chichester, UK: Wiley-Blackwell.

Pienemann, M. (1985). Learnability and syllabus construction. In K. Hyltenstam & M. Pienemann (Eds.), *Modelling and assessing second language acquisition* (pp. 23-75). Clevedon, UK: Multilingual Matters.

Seliger, H. W., & Shohamy, E. G. (1989). *Second language research methods.* Oxford University Press.

Shintani, N., Li, S., & Ellis, R. (2013). Comprehension-based versus production-based grammar instruction: A meta-analysis of comparative studies. *Language Learning, 63,* 296-329. doi:10.1111/lang.12001

Swain, M. (1985). Communicative competence: Some roles of comprehensible input and comprehensible output in its development. In S. M. Gass & C. G. Madden (Eds.), *Input in second language acquisition* (pp. 235-256). Rowley, MA: Newbury House.

Taber, K. (2013). *Classroom-based research and evidence-based practice: An introduction* (2nd ed.). London: Sage Publications.

田中一（1988）.『研究過程論』札幌：北海道大学図書刊行会.

Urano, K. (2005). Deverbal noun compounds in English and the representation of L2 inflectional morphology. *JACET Bulletin, 40,* 105-115.

VanPatten, B. (2004). Input processing in second language acquisition. In B. VanPatten (Ed.), *Processing instruction: Theory, research, and commentary* (pp. 5-32). Mahwah, NJ: Lawrence Erlbaum Associates.

山田剛史・井上俊哉（編）（2012）.『メタ分析入門：心理・教育研究の系統的レビューのために』東京大学出版会.

全国英語教育学会第40回研究大会記念特別誌編集委員会（編）（2014）.『英語教育学の今：理論と実践の統合』東京：全国英語教育学会.

第3章

Ellis, R. (2009). A typology of written corrective feedback types. *ELT Journal, 63,* 97-107. doi:10.1093/elt/ccn023

Hyland, K., & Hyland, F. (2006). Feedback on second language students' writing. *Language Teaching, 39,* 83-101. doi:10.1017/s0261444806003399

Long, M. H.(1985). Input and second language acquisition theory. In S. M. Gass & C. G. Madden (Eds.), *Input in second language acquisition* (pp. 377-393). Rowley, MA: Newbury House.

McLaughlin, B., Rossman, T., & McLeod, B. (1983). Second language learning: An information-processing perspective. *Language Learning, 33*, 135-158. doi:10.1111/j.1467-1770.1983.tb00532.x

大野木裕明・渡辺直登（編）(2014).『改訂新版 心理学研究法』東京：放送大学教育振興会.

セリガー, H. W., & ショハミー, E.（著）, 土屋武久・森田彰・星美季・狩野紀子（訳）(2001).『外国語教育リサーチマニュアル』東京：大修館書店.

浦野研・亘理陽一（2013).「英語教育研究における追試（replication）の必要性」外国語教育メディア学会関西支部・メソドロジー研究部会 2013 年度第 2 回研究会 口頭発表資料.

第 4 章

千田誠二（2014).「『英語の授業にのること』ができない大学生の学習プロセスに関する質的研究」『中部地区英語教育学会紀要』第 43 号, 267-274.

Emerson, R. M., Fretz, R. I., & Shaw, L. L. (1995). *Writing ethnographic fieldnotes*. University of Chicago Press. (佐藤郁哉・好井裕明・山田富秋（訳）(1998).『方法としてのフィールドノート：現地取材から物語作成まで』東京：新曜社.)

林智幸（2010).「量的研究家は質的データ分析法をどのように学ぶか？」『静岡英和学院大学・静岡英和学院大学短期大学部紀要』第 8 号, 157-166.

Izumi, S., & Bigelow, M. (2000). Does output promote noticing and second language acquisition? *TESOL Quarterly, 34*, 239-278. doi: 10.2307/3587952

加藤憲司（2012).「研究全体の流れを知り、リサーチクエスチョンを決定する」早川和生（編）『看護研究の進め方 論文の書き方 第 2 版』(15-31 頁). 東京：医学書院.

鯨岡峻（2005).『エピソード記述入門：実践と質的研究のために』東京大学出版会.

水本篤（2011).「自己調整語彙学習における自己効力感の影響」『関西大学外国語学部紀要』第 5 号, 35-56.

中村高康（2007).「混合研究法」小泉潤二・志水宏吉（編）『実践的研究のすすめ：人間科学のリアリティ』(233-247 頁). 東京：有斐閣.

尾関史（2008).「『意味創り』を目指したことばの支援の可能性：移動する子どもた

ちが主体的に学習に参加するために」『早稲田日本語教育学』第3号, 11-24.
佐藤郁哉（2002）.『フィールドワークの技法：問いを育てる、仮説をきたえる』東京：新曜社.
佐藤郁哉（2006）.『フィールドワーク 増訂版：書を持って街へ出よう』東京：新曜社.
関口靖広（2013）.『教育研究のための質的研究法講座』京都：北大路書房.
Seliger, H. W., & Shohamy, E. G. (1989). *Second language research methods*. Oxford University Press.
志水宏吉（2005）.「エスノグラフィー：私と世界との対話」秋田喜代美・恒吉僚子・佐藤学（編）,『教育研究のメソドロジー：学校参加型マインドへのいざない』(139-162頁). 東京大学出版会.
Swain, M. (1985). Communicative competence: Some roles of comprehensible input and comprehensible output in its development. In S. M. Gass & C. G. Madden (Eds.), *Input in second language acquisition* (pp. 235-256). Rowley, MA: Newbury House.
田中博晃（2014）.「特性レベルの内発的動機づけを高める授業と有能性の欲求」*JALT Journal, 36*, 91-124.
浦野研（2012）.「紀要論文の分析」第42回中部地区英語教育学会岐阜大会 口頭発表資料.
Yamada, H. (2014). Teaching and learning English in English at SHSs: Teachers' scaffolding. *Journal of the Chubu English Language Education Society, 43*, 177-184.

第5章

Abednia, A., Hovassapian, A., Teimournezhad, S., & Ghanbari, N. (2013). Reflective journal writing: Exploring in-service EFL teachers' perceptions. *System, 41*, 503-514. doi:10.1016/j.system.2013.05.003
Aline, D., & Hosoda, Y. (2006). Team teaching participation patterns of homeroom teachers in English activities classes in Japanese public elementary schools. *JALT Journal, 28*, 5-21.
麻原きよみ（2007）.「エスノグラフィー」グレッグ美鈴・麻原きよみ・横山美江（編）『よくわかる質的研究の進め方・まとめ方：看護研究のエキスパートをめざして』(85-105頁). 東京：医歯薬出版.
Atkinson, J. M., & Heritage, J. (1984). Transcript notation. In J. M. Atkinson & J. Heritage (Eds.), *Structures of social action: Studies in conversational analysis* (pp. ix-xvi). Cambridge University Press.

Barkhuizen, G. (2008). A narrative approach to exploring context in language teaching. *ELT Journal, 62*, 231-239. doi:10.1093/elt/ccm043

Barkhuizen, G. (Ed.). (2013). *Narrative research in applied linguistics.* Cambridge University Press.

Barkhuizen, G., Benson, P., & Chik, A. (2014). *Narrative inquiry in language teaching and learning research.* New York: Routledge.

Benson, P., Chik, A., Gao, X., Huang, J., & Wang, W. (2009). Qualitative research in language teaching and learning journals, 1997-2006. *The Modern Language Journal, 93*, 79-90. doi:10.1111/j.1540-4781.2009.00829.x

ブルア, M., & ウッド, F.（著）, 上淵寿（監訳）（2009）.『質的研究法キーワード』東京：金子書房.

Chapelle, C. A., & Duff, P. A. (2003). Some guidelines for conducting quantitative and qualitative research in TESOL. *TESOL Quarterly, 37*, 157-178. doi:10.2307/3588471

Cots, J. M. (2006). Teaching 'with an attitude': Critical Discourse Analysis in EFL teaching. *ELT Journal 60*, 336-345. doi:10.1093/elt/ccl024

Cowie, N., & Sakui, K. (2012). Three tales of language teacher identity and student motivation. *JALT Journal, 34*, 127-150.

Creswell, J. W. (2007). *Qualitative inquiry & research design: Choosing among five approaches.* Thousand Oaks: Sage Publications.

Croker, R. A. (2009). An Introduction to qualitative research. In J. Heigham & R. A. Croker (Eds.), *Qualitative research in applied linguistics: A practical introduction* (pp. 3-24). New York: Palgrave Macmillan.

Duff, P. (2008). *Case study research in applied linguistics.* New York: Lawrence Erlbaum/Taylor & Francis.

Farrell, T. S. C., & Ives, J. (2014). Exploring teacher beliefs and classroom practices through reflective practice: A case study. *Language Teaching Research, 19*, 594-610. doi:10.1177/1362168814541722

Fereday, J., & Muir-Cochrane, E. (2006). Demonstrating rigor using thematic analysis: A hybrid approach of inductive and deductive coding and theme development. *International Journal of Qualitative Methods, 5*, 80-92. doi:10.1177/160940690600500107

フリック, U.（著）, 小田博志（監訳）, 小田博志・山本則子・春日常・宮地尚子（訳）（2011）.『新版 質的研究入門：〈人間の科学〉のための方法論』東京：春秋社.

Freeman, D.(2009). What makes research 'qualitative'? In J. Heigham & R.

A. Croker (Eds.), *Qualitative research in applied linguistics: A practical introduction* (pp. 25-41). New York: Palgrave Macmillan.

Glaser, B. G., & Strauss, A. L. (1967). *The discovery of grounded theory: Strategies for qualitative research.* Chicago: Aldine Publishing Company.

グレッグ美鈴（2007）.「質的記述的研究」グレッグ美鈴・麻原きよみ・横山美江（編）『よくわかる質的研究の進め方・まとめ方：看護研究のエキスパートをめざして』(54-72頁). 東京：医歯薬出版.

Guest, G., MacQueen, K. M., & Namey, E. E. (2012). *Applied thematic analysis.* Thousand Oaks: Sage Publications.

Harding, J. (2013). *Qualitative data analysis from start to finish.* London: Sage Publications.

Hauser, E. (2014). Embodied uses of electronic bilingual dictionaries. *JALT Journal, 36,* 5-23.

Heigham, J., & Croker, R. A. (Eds.) (2009). *Qualitative research in applied linguistics: A practical introduction.* New York: Palgrave Macmillan.

Hiratsuka, T. (2014). A study into how high school students learn using narrative frames. *ELT Journal, 68,* 169-178. doi:10.1093/elt/cct096

ホロウェイ, I., & ウィーラー, S.（著）, 野口美和子（監訳）(2006).『ナースのための質的研究入門：研究方法から論文作成まで 第2版』東京：医学書院.

Hood, M. (2009). Case study. In J. Heigham & R. A. Croker (Eds.), *Qualitative research in applied linguistics: A practical introduction* (pp. 66-90). New York: Palgrave Macmillan.

Ishihara, N. (2009). Teacher-based assessment for foreign language pragmatics. *TESOL Quarterly, 43,* 445-470. doi:10.1002/j.1545-7249.2009.tb00244.x

萱間真美（2013）.『質的研究のピットフォール：陥らないために／抜け出るために』東京：医学書院.

Kayi-Aydar, H. (2013). Scaffolding language learning in an academic ESL classroom. *ELT Journal, 67,* 324-335. doi:10.1093/elt/cct016

木下康仁（2014）.『グラウンデッド・セオリー論』東京：弘文堂.

小谷真理子（2011）.「会話分析」末田清子・抱井尚子・田崎勝也・猿橋順子（編）『コミュニケーション研究法』(170-183頁). 京都：ナカニシヤ出版.

Kurihara, Y. (2013). EFL Teachers' learning: Transitional experiences from an overseas teacher education program to Japanese school settings. *JALT Journal, 35,* 51-72.

Ma, R., & Oxford, R. L. (2014). A diary study focusing on listening and speaking: The evolving interaction of learning styles and learning strategies in a motivated, advanced ESL learner. *System, 43*, 101-113. doi:10.1016/j.system.2013.12.010

前田泰樹・水川喜文・岡田光弘（編）（2007）．『エスノメソドロジー：人びとの実践から学ぶ』東京：新曜社．

マクレオッド, J.（著），下山晴彦（監修），谷口明子・原田杏子（訳）（2007）．『臨床実践のための質的研究法入門』東京：金剛出版．

メリアム, S. B.（著），掘薫夫・久保真人・成島美弥（訳）（2004）．『質的調査法入門：教育における調査法とケース・スタディ』京都：ミネルヴァ書房．

Murray, G. (2009). Narrative inquiry. In J. Heigham & R. A. Croker (Eds.), *Qualitative research in applied linguistics: A practical introduction* (pp. 45-65). New York: Palgrave Macmillan.

Nishimuro, M., & Borg, S. (2013). Teacher cognition and grammar teaching in a Japanese high school. *JALT Journal, 35*, 29-50.

能智正博（2011）．『臨床心理学をまなぶ6 質的研究法』東京大学出版会．

Ohata, K., & Fukao, A. (2014). L2 learners' conceptions of academic reading and themselves as academic readers. *System, 42*, 81-92. doi:10.1016/j.system.2013.11.003

Peng, J-E. (2011). Changes in language learning beliefs during a transition to tertiary study: The mediation of classroom affordances. *System, 39*, 314-324. doi:10.1016/j.system.2011.07.004

Polkinghorne, D. E. (1995). Narrative configuration in qualitative analysis. *International Journal of Qualitative Studies in Education, 8*, 5-23. doi:10.1080/0951839950080103

Punch, K. (2009). *Introduction to research methods in education*. London: Sage Publications.

Richards, L., & Morse, J. M.（著），小林奈美（監訳）（2008）．『はじめて学ぶ質的研究』東京：医歯薬出版．

Sacks, H., Schegloff, E. A., & Jefferson, G. (1974). A simplest systematics for the organization of turn-taking for conversation. *Language, 50*, 696-735.

Saldaña, J. (2013). *The coding manual for qualitative researchers* (2nd ed.). London: Sage Publications.

Sandelowski, M. (2000). Focus on research methods: Whatever happened to qualitative description? *Research in Nursing & Health, 23*, 334-340. doi:10.1002/1098-240X（200008）23:4<334::AID-NUR9>3.0.CO;2-G

サンデロウスキー, M.（著），谷津裕子・江藤裕之（訳）（2013）．『質的研究をめ

ぐる10のキークエスチョン：サンデロウスキー論文に学ぶ』東京：医学書院.
佐藤郁哉（2008）.『質的データ分析法：原理・方法・実践』東京：新曜社.
Sato, M. (2013). Beliefs about peer interaction and peer corrective feedback: Efficacy of classroom intervention. *The Modern Language Journal, 97*, 611-633. doi:10.1111/j.1540-4781.2013.12035.x
住政二郎（2014）.「GTA入門：言語データを質的に分析するには」竹内理・水本篤（編）『外国語教育研究ハンドブック：研究手法のより良い理解のために 改訂版』(277-298頁). 東京：松柏社.
鈴木聡志（2007）.『会話分析・ディスコース分析：ことばの織りなす世界を読み解く』東京：新曜社.
ティンダール, C.（2008）.「評価の問題」バニスター, P., バーマン. E., パーカー, I., テイラー, M., & ティンダール, C.（著）, 五十嵐靖博・河野哲也（監訳）, 田辺肇・金丸隆太（訳）『質的心理学研究法入門：リフレキシビティの視点』(185-206頁). 東京：新曜社.
Watzke, J. L. (2007). Foreign language pedagogical knowledge: Toward a developmental theory of beginning teacher practices. *The Modern Language Journal, 91*, 63-82. doi: 10.1111/j.1540-4781.2007.00510.x
谷津裕子（2015）.『Start Up 質的看護研究 第2版』東京：学研メディカル秀潤社.

第6章

Alderson, J. C. (2000). *Assessing reading*. Cambridge University Press.
オルダーソン, C, クラッファム, C., & ウォール, D.（著）, 渡部良典（編訳）(2010).『言語テストの作成と評価：あたらしい外国語教育のために』横浜：春風社.
伊達正起（2015）.「タスクを繰り返すことで言語形式に関する知識の手続き化は起こるのか？」『中部地区英語教育学会紀要』第44号, 1-8.
Dörnyei, Z. (2003). *Questionnaires in second language research: Construction, administration, and processing*. Mahwah, NJ: Lawrence Erlbaum Associates.
Iwanaka, T., & Takatsuka, S. (2010). Effects of noticing a hole on the incorporation of linguistic forms: Cognitive activities triggered by noticing a hole and their effects on learning. *Annual Review of English Language Education in Japan, 21*, 21-30.
草薙邦広（2014）.「外国語教育研究における量的データの可視化方法：分析・発表・論文執筆のために」『外国語教育メディア学会中部支部外国語教育基礎研究部会2013年度報告論集』53-70. Retrieved from: http://www.letchubu.net/modules/xpwiki/?2013%E5%B9%B4%E5%BA%A6%E5%

A0%B1%E5%91%8A%E8%AB%96%E9%9B%86

Larson-Hall, J. (2012). How to run statistical analyses. In A. Mackey & S. M. Gass (Eds.), *Research methods in second language acquisition: A practical guide* (pp. 245-274). Chichester, UK: Wiley-Blackwell.

水本篤・竹内理（2008）．「研究論文における効果量の報告のために：基礎的概念と注意点」『英語教育研究』第31号, 57-66. Retrieved from: http://www.mizumot.com/files/EffectSize_KELES31.pdf

日本英語検定協会（2015）．「大学入試センター試験との相関調査：『実用英語技能検定』と『TEAP』で実施」．Retrieved from: https://www.eiken.or.jp/teap/info/2015/pdf/20151007_pressrelease_testresearch.pdf

Nunan, D. (1992). *Research methods in language learning.* Cambridge University Press.

大久保街亜・岡田謙介（2012）．『伝えるための心理統計：効果量・信頼区間・検定力』東京：勁草書房．

竹内理・水本篤（編）（2014）．『外国語教育研究ハンドブック：研究手法のより良い理解のために 改訂版』東京：松柏社．

Yashima, T. (2002). Willingness to communicate in a second language: The Japanese EFL context. *The Modern Language Journal, 86*, 54-66. doi:10.1111/1540-4781.00136

吉田寿夫（1998）．『本当にわかりやすいすごく大切なことが書いてあるごく初歩の統計の本』京都：北大路書房．

第7章

American Psychological Association. (2010). *Publication manual of the American Psychological Association* (6th ed.). Washington, DC: American Psychological Association.

American Psychological Association. (2016, January). APA style. Retrieved from: http://www.apastyle.org/index.aspx?_ga=1.238313536.1766633315.1432275094

酒井英樹（2001）．「語順（疑問文）の獲得における暗黙的否定フィードバック：第2言語学習者の発達段階と気づき」『中部地区英語教育学会紀要』第30号, 173-180.

酒井英樹・小池浩子（2008）．「日本語話者大学生の英語学習動機の変化：国際イベントへのボランティア参加の効果」*JALT Journal, 30*, 51-67.

白畑知彦・若林茂則・村野井仁（2010）．『詳説 第二言語習得研究：理論から研究法まで』東京：研究社．

索引 INDEX

あ行

厚い記述 128
アプローチ 095
一次データ 100
一要因分散分析 159
因子 158
因子分析 157
インタビュー 081, 112
インタビュー・ガイド 112
インフォームド・コンセント 133
引用 192
引用文献 046, 197
エスノグラフィー 102
エスノメソドロジー 114
演繹的コーディング 125
音声 077

か行

介入 140
介入研究 140
概念化 124
概念の検討・整理 017
外部者の視点 103
会話分析 114
学術誌 040, 184
学術的な研究 004
仮説 010, 035
仮説駆動的 064
仮説の検証 010, 017
仮説の生成 017
カテゴリー 118
カテゴリー化 124

観察 076, 109
感じ 120
感受概念 120
間接引用 195
関連性 139, 155
聞き取り 079
記述統計 085, 153
記述統計量 191
帰納的コーディング 125
基本課題 024
興味・関心 020
区間推定 172
グラウンデッド・セオリー・アプローチ
.... 105
繰り返しのある分散分析 160
グループ・インタビュー 114
クロンバックα 147
継続的比較分析 125
結果 191
結論 192
権威としての知識 018
限界点 192
言及 193
研究課題 002, 053, 062
研究課題の種類 062
研究課題のレベル 066
研究価値 020
研究結果 050
研究サイクル 130
研究参加者による確認 128
研究承諾書 134
研究テーマ 023, 049
研究デザイン 140

215

研究のオリジナリティ 037
研究の背景 049
研究の方法論 002
研究プロセス 130
研究方法 050
検証型の研究 010, 063
言説分析 116
効果量 170
交互作用 163
考察 191
構成概念 084, 145
構成要素 022, 053
構造化インタビュー 081
口頭発表 178, 183
合目的的抽出 085, 094
コーディング 123
コード 123
コードブック 119
誤差 154
混合計画 161
混合研究法 087, 093

さ行

最頻値 150
査読 179
サブカテゴリー 124
参考文献 046, 197
散布図 168
散布図行列 169
事象の理解 017
実験群 143, 145
実験研究 073, 141
実行可能性 020
実証研究 009
実証的知識 018
実践としての研究 003

質的アプローチ 084
質的記述的研究 107
質的研究 090
質的データ 075
質的内容分析 118
質問紙 080, 110, 146
四分位点 167
重回帰分析 157
自由記述型 080
従属変数 142
主観性 131
主効果 163
守秘義務 133
準実験計画 144
処遇 141
書誌情報 050
序論 026, 189
資料 192
事例研究 071, 098
事例中心アプローチ 029
新事実の提示 017
信念としての知識 018
信憑性 093
信頼区間 173
信頼水準 173
信頼性 147
信頼性係数 147
推測統計 086, 153
図表 203
正規分布 163
先験的知識 018
先行研究 006, 025, 034, 190
前実験計画 143
全数調査 154
専門用語 046
相関 155

相関係数 156
操作化 145
操作的定義 145

た行

対応のある t 検定 160
対応のない t 検定 158
貸借依頼 048
対照群 069, 143
タイトル 023, 200
代表値 150
妥当性 147
単回帰分析 157
探索型の研究 009, 063
談話分析 116
逐語録 113
中央値 150
調査研究 072, 141
直接引用 193
データ駆動的 063
データ収集の種類 076
データ収集法 071, 095, 109
データ・セッション 116
データの可視化 165
データの切片化 122
データのタイプ 074
データ分析 050, 114
データ分析法 095, 114
テーマ 118, 124
テーマ分析 118
テスト 082, 148
転用可能性 129
動画 077
統制群 069, 143, 145
匿名性 133
独立した t 検定 159

独立変数 142
図書 039
図書館蔵書検索システム 042
度数分布図 166
トライアンギュレーション 126

な行

内的一貫性 125
内部者の視点 103
ナラティブ探究 100
ナラティブ分析 102
二次データ 100
二要因混合計画分散分析 161
ノンパラメトリック検定 163

は行

バイアス 174
箱ひげ図 166
パターン 118
パラメトリック検定 163
半構造化インタビュー 081
ピアソンの相関係数 r 156
ピア・ディブリーフィング 128
被験者間計画 159
被験者内計画 160
非構造化インタビュー 081
ヒストグラム 166
批判的レビュー・アプローチ 028
評価者間信頼性 125
評価者内信頼性 125
標準偏差 153
評定型 080
標本 086, 153
フィールド・ノーツ 078, 109
フォーカス・グループ 114

プレテスト	142
文献	034
文献研究	008
文献複写	048
分散	153
平均値	150
便宜的抽出	095
変数	050, 146
棒グラフ	165
蜂群図	169
方法	190
母集団	086, 153
母数	172
ポストテスト	143
母平均	172

ま行

無作為抽出	087
無作為割付	144
メタ分析	027
メンバー・チェック	128
モデル	035

や行

有意確率	159
有意差	159
要旨	200
予備調査	075, 143

ら行

ラベリング	123
リフレキシビティ	132
量的アプローチ	085
量的研究	138
量的データ	075
理論	035, 071
理論研究	017
倫理的配慮	132
類型化	123
レビュー論文	047
論文	040, 179, 184, 188

欧文

APAスタイル	188
APAマニュアル	188
Cinii Articles	043
CiNii Books	042
CiNii Dissertations	042
d族の効果量	170
ERIC	043
GlassのΔ	171
Google Books	042
Google Scholar	043
GTA	105
J-STAGE	043
OPAC	042
p値	159
R	170
r族の効果量	170
t検定	159

著者紹介

浦野 研（うらの・けん）　第1・6章担当
北海学園大学経営学部教授。ハワイ大学第二言語研究科博士課程修了。共著書に『英語教育のエビデンス』（研究社）、『タスク・ベースの英語指導』（大修館書店）がある。

藤田卓郎（ふじた・たくろう）　第4・6章担当
福井工業高等専門学校准教授。エセックス大学大学院博士課程修了。共編著に『英語教師のための「実践研究」ガイドブック』（大修館書店）がある。

亘理陽一（わたり・よういち）　第2章担当
中京大学国際学部教授。北海道大学大学院教育学研究科博士課程修了。共著書に『英語教育のエビデンス』（研究社）、『流行に踊る日本の教育』（東洋館出版社）がある。

髙木亜希子（たかぎ・あきこ）　第5章担当
青山学院大学教育人間科学部教授。エクセター大学大学院教育学研究科博士課程修了。共編著に『英語教師のための「実践研究」ガイドブック』（大修館書店）がある。

田中武夫（たなか・たけお）　第3章担当
山梨大学大学院総合研究部教授。兵庫教育大学大学院連合学校教育学研究科博士課程修了。博士（学校教育学）。共編著に『英語教師のための「実践研究」ガイドブック』（大修館書店）がある。

酒井英樹（さかい・ひでき）　第6・7章担当
信州大学学術研究院教育学系教授。テンプル大学大学院博士課程修了。教育学博士（Doctor of Education）。共編著に『小学校で英語を教えるためのミニマム・エッセンシャルズ』（三省堂）がある。

はじめての英語教育研究──押さえておきたいコツとポイント

2016年 8月 1日　初版発行
2025年 2月28日　6刷発行

著　者　浦野研・亘理陽一・田中武夫・藤田卓郎・髙木亜希子・酒井英樹
© K. Urano, Y. Watari, T. Tanaka, T. Fujita, A. Takagi, and H. Sakai, 2016

発行者　吉田尚志

印刷所　TOPPANクロレ株式会社

発行所　株式会社　研究社
　　　　〒102-8252　東京都千代田区富士見2-11-3
　　　　電話　営業 03-3288-7777（代）　編集 03-3288-7711（代）
　　　　振替　00150-9-26710
　　　　https://www.kenkyusha.co.jp/

KENKYUSHA
〈検印省略〉

装　丁　ナカグログラフ（黒瀬章夫）

本文デザイン・組版・本文イラスト
　　　　株式会社インフォルム

ISBN 978-4-327-42197-7　C3082　Printed in Japan